START! 첫걸음

| 김수진 지음 |

스마트폰 활용
단계별 정복하기

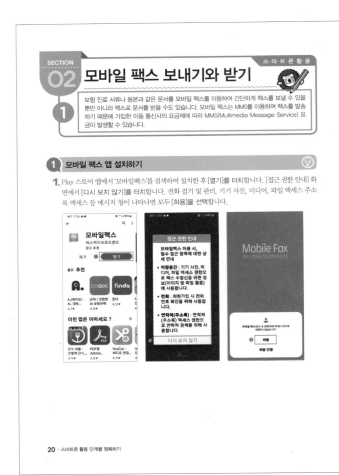

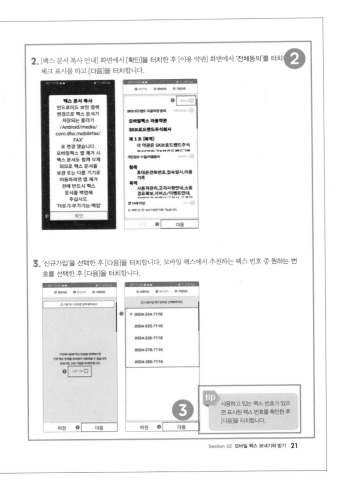

❶ 섹션 설명

해당 단원에서 배울 내용에 대한 전체적인 개념을 짚어줌으로써 단원에 대한 이해도를 증진시키도록 합니다.

❷ 따라하기

본문 내용을 하나씩 따라해 가면서 실습하다 보면 자연스럽게 관련 기능을 이해하여 활용할 수 있도록 하였습니다.

❸ Tip

실습을 따라하는 과정에서 알아두면 도움이 되는 내용 및 저자만이 가지고 있는 다양한 노하우를 제공합니다.

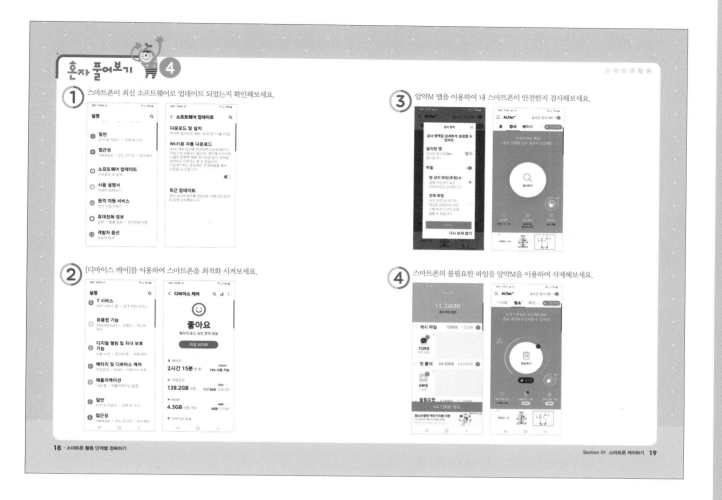

❹ 혼자 풀어보기

본문에서 배운 내용을 다양한 예제를 통하여 실습하면서 확실하게 익힐 수 있도록 실습 문제를 담았습니다.

스마트폰 케어하기

느려진 스마트폰의 속도를 최적의 상태로 올리는 방법과, 알약 앱을 활용하여 파일을 실시간으로 감시하고, 불필요한 캐시 파일, 빈 폴더 등을 정리하여 저장 공간을 확보하는 방법에 대해 알아봅니다.

1 디바이스 케어로 스마트폰 속도 올리기

1. 앱스 화면에서 ⚙(설정)을 터치한 다음, [설정] 화면에서 [배터리 및 디바이스 케어]를 터치합니다.

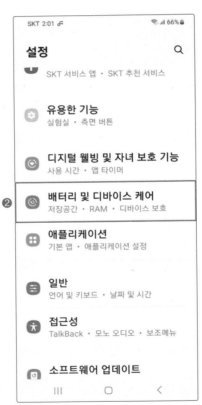

2. [디바이스 케어] 화면에서 [지금 최적화]를 터치합니다. 스마트폰의 최적화가 끝나면 [완료]를 터치합니다.

3. 이번에는 [자동 최적화]를 터치한 다음, [자동 최적화] 화면에서 [필요 시 자동으로 다시 시작]을 터치하여 활성화 시킵니다. < 를 터치하여 이전 화면으로 이동합니다.

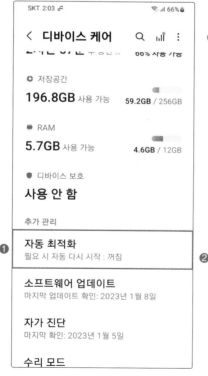

4. [디바이스 케어] 화면에서 디바이스 보호의 [사용 안 함]을 터치합니다. [디바이스 보호] 화면에서 [켜기]를 터치한 다음, 앱 설치에 대한 안내 창이 나타나면 [켜기]를 터치합니다.

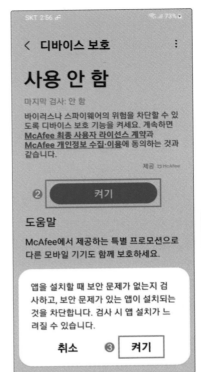

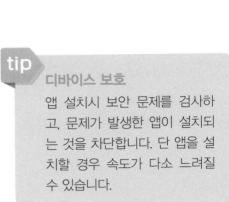

tip

디바이스 보호

앱 설치시 보안 문제를 검사하고, 문제가 발생한 앱이 설치되는 것을 차단합니다. 단 앱을 설치할 경우 속도가 다소 느려질 수 있습니다.

5. 디바이스 검사가 시작되면 잠시 기다립니다. 스마트폰에 설치된 앱 검사가 완료되면 다음 결과 화면이 나타납니다.

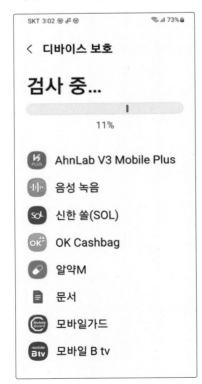

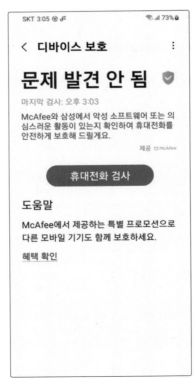

디바이스 보호 설정에서 휴대전화 검사를 매일 검사하게 하거나, 앱을 설치할 때만 자동으로 검사하게 할 수 있습니다.

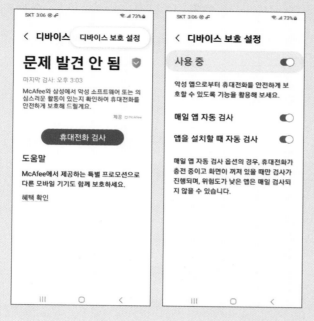

내 스마트폰 사용자 인터페이스와 안드로이드 버전 확인하기

삼성전자의 사용자 인터페이스 버전과 안드로이드 버전에 따라 시스템 메뉴가 다릅니다. [설정] 화면에서 [휴대전화 정보]–[소프트웨어 정보]를 차례로 터치하여 확인할 수 있습니다.

2 소프트웨어 업데이트하기

1. 소프트웨어를 업데이트하기 위해 ⚙ (설정)을 터치하여 나타난 [설정] 화면에서 [소프트웨어 업데이트]를 터치한 다음, [소프트웨어 업데이트] 화면에서 [다운로드 및 설치]를 터치합니다.

tip
[소프트웨어 업데이트] 화면에서 최근 업데이트 날짜를 확인할 수 있습니다.

2. [소프트웨어 업데이트] 화면에서 [다운로드]를 터치한 다음 잠시 기다립니다. 업데이트 설치 준비 완료 화면이 나타나면 [지금 설치]를 터치합니다.

tip
소프트웨어가 최신 소프트웨어로 업데이트 된 경우 '최신 소프트웨어입니다.'가 표시됩니다.

3. 안드로이드 시스템 업데이트 화면이 나오면 잠시 후 스마트폰이 꺼졌다 다시 켜질 때까지 기다립니다. 스마트폰 업데이트 완료 화면이 나타나면 [확인]을 터치합니다.

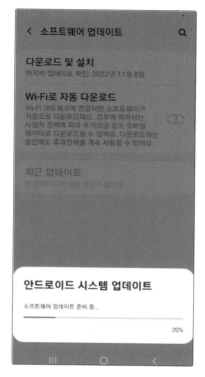

4. [설정] 화면에서 [소프트웨어 업데이트]를 터치하면 최근 업데이트 날짜를 확인할 수 있습니다. [Wi-Fi로 자동 다운로드]를 터치하여 활성화 시키면 다음부터는 와이파이에 네트워크가 연결되면 소프트웨어가 자동으로 다운로드 설치됩니다.

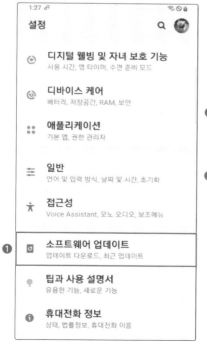
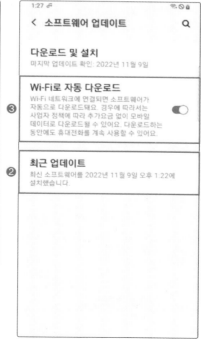

③ 알약M 설치하기

1. Play 스토어 앱을 실행한 다음 "알약M"을 검색하여 설치한 후 [열기]를 터치합니다. 약관 동의 화면에서 '(필수) 사용자 이용 약관 동의'만 선택한 후 [다음]을 터치합니다.

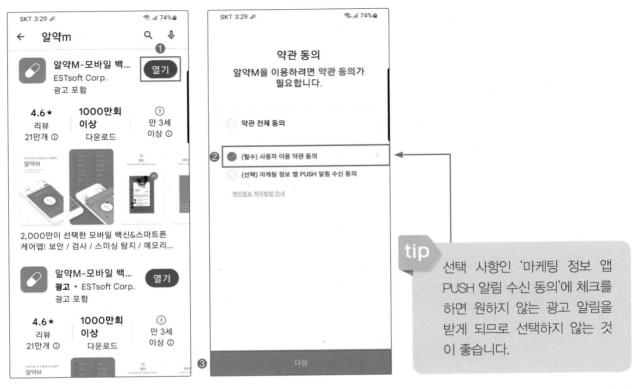

tip

선택 사항인 '마케팅 정보 앱 PUSH 알림 수신 동의'에 체크를 하면 원하지 않는 광고 알림을 받게 되므로 선택하지 않는 것이 좋습니다.

2. [권한 설정 안내] 화면에서 [필수 권한 허용]을 터치한 다음 [모든 파일에 대한 접근] 화면에서 '알약M'을 터치하여 활성화 시키고 < 를 터치합니다. [권한 설정 안내] 화면에서 [선택 권한 허용]을 터치합니다.

3. [사용정보 접근 허용] 화면에서 [알약M]을 터치하여 활성화 시키고 < 를 터치합니다. [다른 앱 위에 표시] 화면에서 '알약M'을 터치하여 활성화 시키고 < 를 터치합니다.

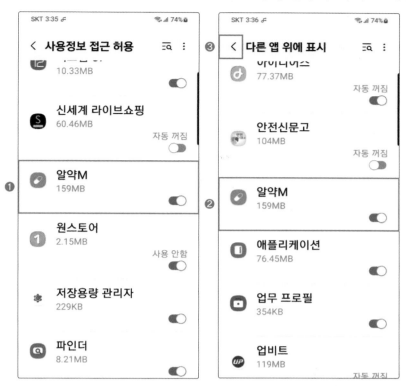

4. 화면 안내에 따라 [알림 접근 허용] 화면에서 '알약M'을 터치한 후 [허용]을 터치합니다. [권한 설정 안내] 화면에서 [건너뛰기]를 터치합니다.

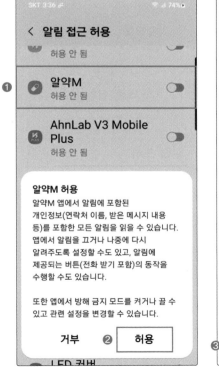
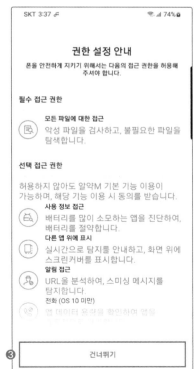

5. [데이터 사용 옵션] 화면에서 [Wi-Fi만 사용]을 터치한 후 [완료]를 터치합니다. 알약M의 사용 방법 화면이 나타나면 [닫기]를 터치합니다. 알림 영역에 표시되는 빠른 실행바를 숨기기 위해 ☰ (메뉴)를 터치합니다.

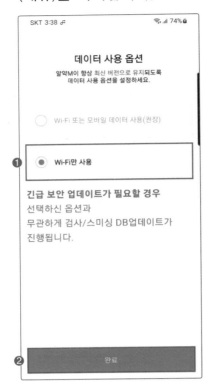
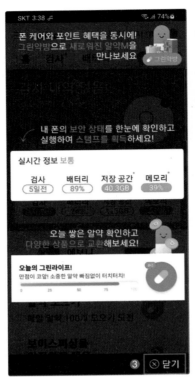
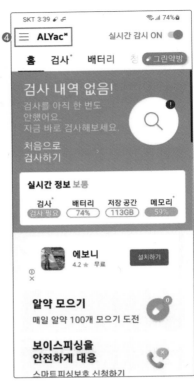

6. ⚙ (설정)을 터치하여 [알림창에 빠른 실행바 사용]의 [OFF 바로가기]를 터치합니다. [알림 유형] 화면에서 [알림 표시]를 터치하여 비활성화 시키면 빠른 실행바에 알약 바로가기 메뉴가 표시되지 않습니다. < 를 터치합니다.

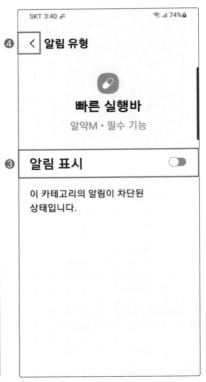

1. 스마트폰이 안전한지 검사하기 위해 [검사]를 터치한 다음 🔍 (검사하기)를 터치합니다. [검사 영역] 창에서 [앱 설치 파일(추천)]을 선택한 후 [검사하기]를 터치합니다.

 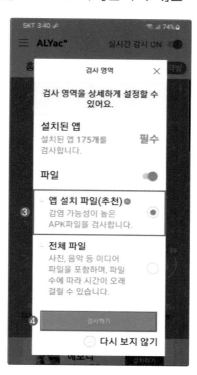

2. 검사가 완료되면 다음과 같이 검사 완료 화면이 나타납니다. [←]를 터치하여 이전 화면으로 이동합니다. 알약M 시작 화면에서 [청소]를 선택한 다음 🗑 (청소하기)를 터치합니다.

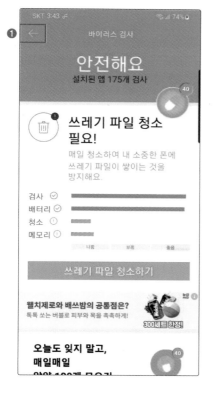 

tip 불필요하게 쌓여있는 캐시 파일을 삭제하여 스마트폰의 속도를 높일 수 있습니다.

3. 불필요한 파일과 용량이 표시되면 화면 아래 [청소]를 터치합니다. 그러면 불필요한 파일이 깨끗이 삭제된 것을 확인할 수 있습니다. [←]를 터치하여 이전 화면으로 이동합니다.

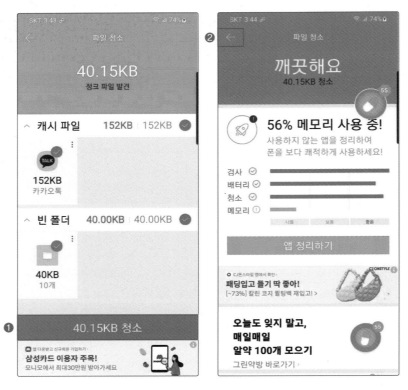

4. 이번에는 클립보드 기록을 삭제하기 위해 [청소] 화면에서 🗐 (클립보드 기록)을 터치합니다. [클립보드 기록 청소] 창이 나타나면 [청소]를 터치합니다.

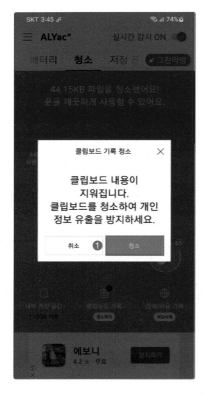 

> **tip**
> 클립보드는 문자나 카카오톡의 내용을 복사한 경우 복사한 내용을 임시로 저장하는 공간입니다. 클립보드에 저장된 내용이 있으면 클립보드 아이콘 위에 느낌표 (!)가 표시되어 있습니다.

5 배터리 최적화시키기

1. [배터리]를 터치한 다음 [확인]을 터치한 후 [더보기]를 터치합니다. 배터리 소모 앱 화면에서 배터리를 소모하고 있는 앱을 확인할 수 있으며, 선택적으로 중지할 수도 있습니다. [←]를 터치합니다.

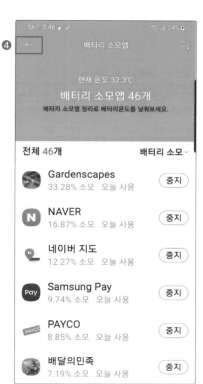

2. 배터리 사용 시간을 늘리기 위해 📋(최적화하기)를 터치합니다. 배터리 사용 시간이 연장된 것을 확인할 수 있습니다.

tip

배터리 최적화 완료 화면을 위로 드래그하여 [밝기 20% 낮추기]를 터치하면 화면의 밝기가 20% 어두워지고 배터리 사용 시간이 15분 연장됩니다.

혼자 풀어보기

① 스마트폰이 최신 소프트웨어로 업데이트 되었는지 확인해보세요.

② [디바이스 케어]를 이용하여 스마트폰을 최적화 시켜보세요.

③ 알약M 앱을 이용하여 내 스마트폰이 안전한지 검사해보세요.

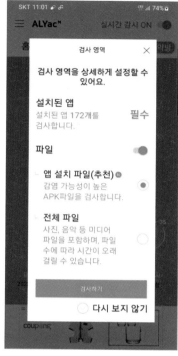

④ 스마트폰의 불필요한 파일을 알약M을 이용하여 삭제해보세요.

SECTION 02 모바일 팩스 보내기와 받기

보험 진료 서류나 등본과 같은 문서를 모바일 팩스를 이용하여 간단하게 팩스를 보낼 수 있을 뿐만 아니라 팩스로 문서를 받을 수도 있습니다. 모바일 팩스는 MMS를 이용하여 팩스를 발송하기 때문에 가입한 이동 통신사의 요금제에 따라 MMS(Multimedia Message Service) 요금이 발생할 수 있습니다.

1 모바일 팩스 앱 설치하기

1. Play 스토어 앱에서 '모바일팩스'를 검색하여 설치한 후 [열기]를 터치합니다. [접근 권한 안내] 화면에서 [다시 보지 않기]를 터치합니다. 전화 걸기 및 관리, 기기 사진, 미디어, 파일 액세스 주소록 액세스 등 메시지 창이 나타나면 모두 [허용]을 선택합니다.

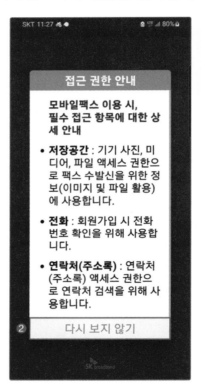

2. [팩스 문서 복사 안내] 화면에서 [확인]을 터치한 후 [이용 약관] 화면에서 '전체동의'를 터치하여 체크 표시를 하고 [다음]을 터치합니다.

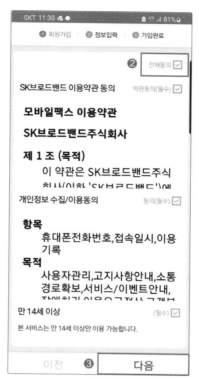

3. '신규가입'을 선택한 후 [다음]을 터치합니다. 모바일 팩스에서 추천하는 팩스 번호 중 원하는 번호를 선택한 후 [다음]을 터치합니다.

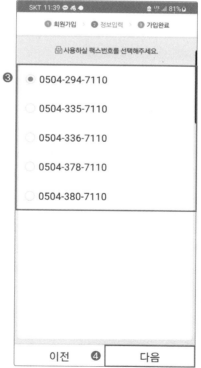

> **tip** 사용하고 있는 팩스 번호가 있으면 표시된 팩스 번호를 확인한 후 [다음]을 터치합니다.

4. [연락처 등록] 창에서 [등록]을 터치한 후, 연락처 저장 화면에서 [저장]을 터치합니다. 다음과 같이 모바일 팩스 가입 완료 창에 본인의 팩스 번호가 나타나면 [확인]을 터치합니다.

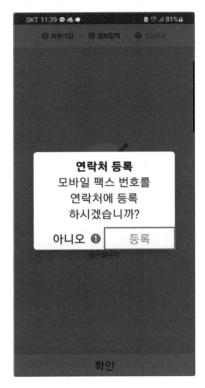

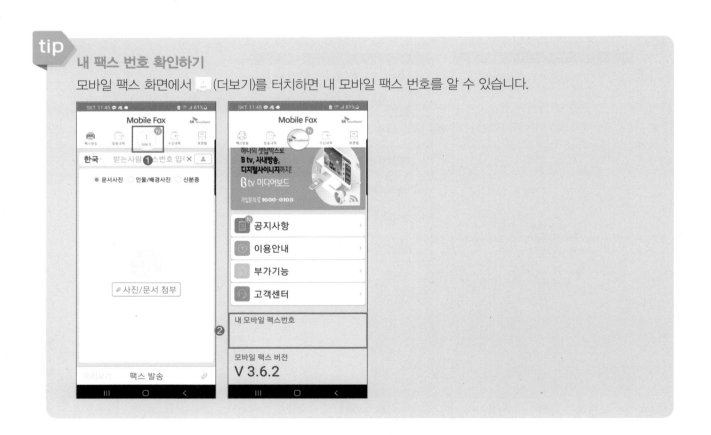

2 팩스 보내기

1. 먼저 팩스 받는 상대방의 팩스 번호를 입력한 다음, [사진/문서 첨부]를 터치합니다. 팩스 표지를 먼저 작성하기 위해 [파일 선택]에서 [팩스 표지]를 터치합니다.

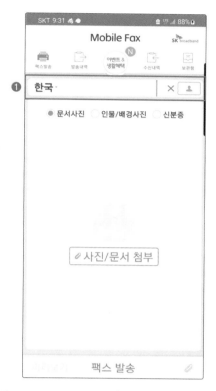
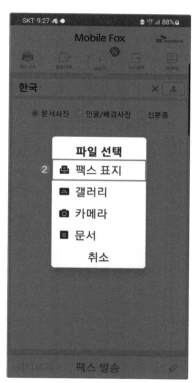

2. 팩스 표지에 제목, 발신자, 수신자, 내용을 입력하고 ∨를 터치합니다. 갤러리에 저장되어 있는 사진을 첨부하기 위해 ✎ (클립)을 터치한 다음 [파일 선택]에서 [갤러리]를 터치합니다.

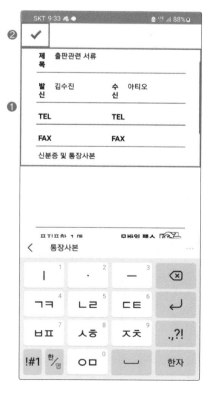
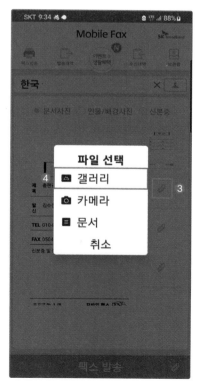

3. [최근] 화면에서 ✳(갤러리)를 터치한 다음 [갤러리] 화면에서 [앨범]의 [카메라]를 터치합니다. 팩스로 보낼 이미지를 선택하고 [완료]를 터치합니다.

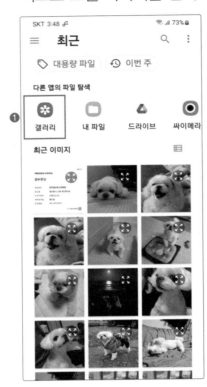

4. 이미지 선택 영역 설정 화면에서 첨부한 이미지의 영역을 조절점으로 설정한 후 ∨를 터치합니다. 변경된 이미지 사용 여부를 묻는 창에서 [예]를 터치합니다. 이번에는 신분증을 촬영하여 첨부하기 위해 [신분증]를 터치한 다음 ✎(클립)을 터치합니다. [파일 선택] 창에서 [카메라]를 터치합니다.

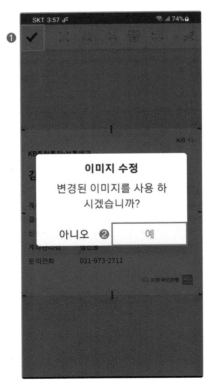

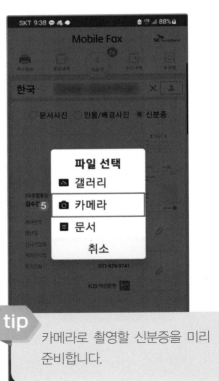

tip
카메라로 촬영할 신분증을 미리 준비합니다.

5. 카메라 ◯(촬영) 버튼을 터치하여 신분증을 촬영한 후 [확인]을 터치합니다. 다음과 같이 촬영된 신분증의 이미지 영역을 조절점으로 설정한 후 ∨를 터치합니다.

tip 촬영한 신분증이 선명하지 않으면 [다시 시도]를 터치하여 신분증을 다시 촬영할 수 있습니다.

6. 변경된 이미지 사용 여부를 확인하는 창에서 [예]를 터치합니다. 다음과 같이 문서가 첨부된 후 [팩스 발송]을 터치하면 팩스가 발송됩니다.

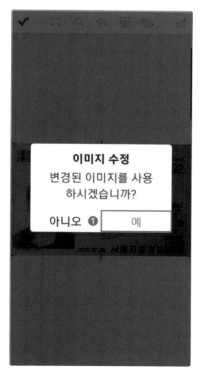

③ 발송내역 확인하고 재전송하기

1. 📑(발송내역)을 터치하면 발송된 팩스 목록을 확인할 수 있습니다. 팩스가 정상적으로 전송되지 않은 경우 다시 전송하기 위해 전송할 팩스를 2초 동안 길게 누른 후 🔁(재전송)을 터치합니다.

> **tip**
> **보관** : 선택한 팩스를 보관합니다.
> **삭제** : 선택한 방송 내역을 삭제합니다.
> **전체선택** : 발송내역을 모두 선택합니다.

2. 팩스 발송 문서 목록에 표시되면 팩스 번호를 확인하고 [팩스 발송]을 터치합니다. 팩스 발송 내역을 삭제하려면 [발송 내역]을 터치한 후 삭제할 목록을 2초 동안 길게 누른 다음, [삭제]를 터치합니다.

> **tip**
> 팩스로 보낼 문서를 잘못 선택한 경우 [팩스 발송] 화면에서 삭제할 팩스 문서를 2초 이상 길게 누른 다음, 🗑 (삭제) 아이콘으로 드래그하여 삭제할 수 있습니다.

4 팩스 수신하기

1. 모바일 팩스로 팩스가 수신되면 📥 (수신내역)에 숫자가 표시됩니다. 📥 (수신내역)을 터치한 다음, 수신 받은 팩스를 터치합니다. 받은 팩스를 스마트폰에 저장하기 위해 📤 (공유)를 터치한 다음 공유 목록에서 🖨 (모바일 팩스)를 터치합니다.

2. 팩스 문서를 PDF로 저장하고 싶으면 모바일 팩스의 저장 화면에서 📄 (PDF)를 터치합니다. 문서를 저장 받을 폴더를 [Documents]로 선택한 후 [저장]을 터치합니다.

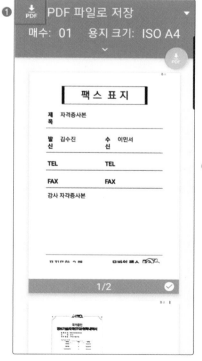

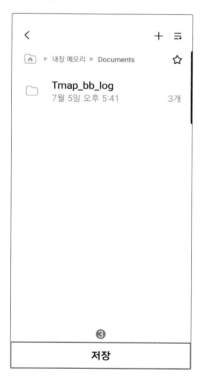

혼자 풀어보기

① 내 모바일 팩스 번호를 확인해보세요.

② 모바일 팩스의 팩스 표지를 작성해보세요.

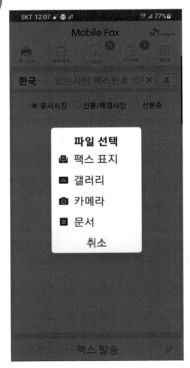
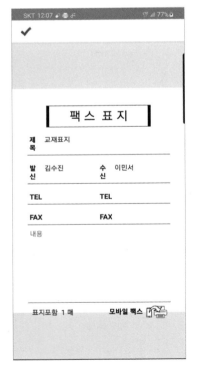

③ 책 표지를 촬영하여 본인의 모바일팩스로 전송하고 발송내역을 확인해보세요.

④ 팩스 수신 내용을 확인하고, PDF로 저장해보세요.

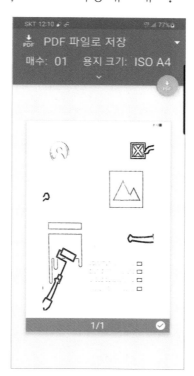

스마트폰 파일을 컴퓨터로 옮기고 파일 관리하기

스마트폰에 저장되어 있는 사진이나 파일을 컴퓨터로 옮기려면 컴퓨터와 스마트폰을 연결하는 케이블 선이 있어야 됩니다. 연결 케이블 선이 없어도 간단하게 스마트폰에 저장된 파일을 컴퓨터로 복사할 수 있는 방법과 파일관리자+ 앱을 이용하여 다운로드 받은 파일이나 설치된 앱을 쉽게 관리하는 방법에 대해 알아보겠습니다.

1 샌드애니웨어 앱으로 스마트폰 파일 컴퓨터로 보내기

1. Play 스토어 앱에서 '샌드애니웨어'를 검색하여 설치한 후 [열기]를 터치합니다. 이용약관에서 체크 표시를 한 후 [확인]을 터치합니다.

2. [접근 권한 요청] 화면에서 [다음]을 터치한 다음, 기기의 사진 및 미디어에 액세스 허용을 묻는 창에서 [허용]을 터치합니다.

3. 갤러리에 저장되어 있는 사진을 컴퓨터로 이동하기 위해 [사진]을 터치합니다. 갤러리에서 컴퓨터로 옮길 사진을 여러 장 선택한 다음 [보내기]를 터치하면 화면에 숫자키 6자리가 표시됩니다.

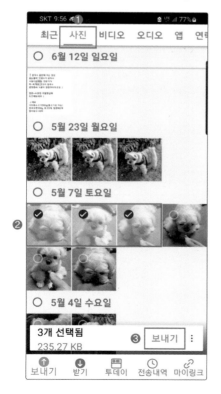

4. 컴퓨터에서 크롬 브라우저를 실행한 다음 'https://send-anywhere.com'에 접속합니다. [받기]의 키 입력란에 스마트폰에 표시된 숫자키 6자리를 입력한 다음 ⬇ (다운로드)를 클릭합니다.

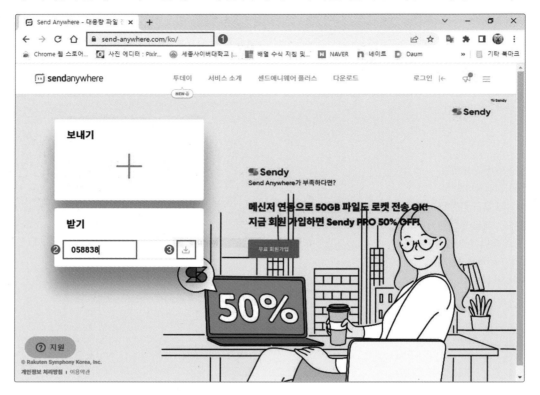

5. 광고가 표시된 후 [닫기]를 클릭한 다음, 나타난 [다른 이름으로 저장] 대화상자에 스마트폰에서 전송한 사진이나 파일을 다운로드 받을 폴더를 선택한 후 [저장]을 클릭합니다.

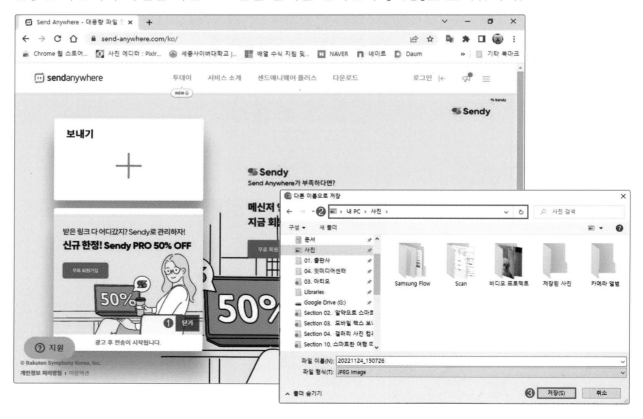

6. [전송내역]을 터치하면 컴퓨터로 전송된 파일을 확인할 수 있습니다.

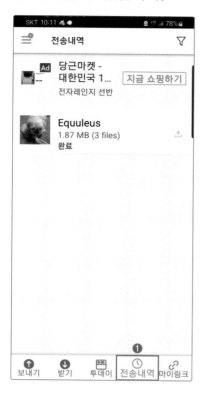

7. 전송내역을 삭제하려면 삭제할 내용을 2초 이상 길게 눌러 선택한 후 🗑(삭제)를 터치합니다.

tip

보내기 : 스마트폰에 저장되어 있는 사진이나 파일을 컴퓨터로 보냅니다.

받기 : 컴퓨터에서 보낸 사진이나 파일을 스마트폰으로 받을 수 있습니다.

전송내역 : 컴퓨터로 전송한 내용을 확인할 수 있습니다.

마이링크 : 회원 가입 후 사용할 수 있는 기능으로, 사진이나 파일에 링크를 생성하여 공유할 수 있습니다.

1. ❇ (갤러리) 앱을 실행시킨 다음 하단의 [앨범] 메뉴를 누릅니다. +를 터치하여 [앨범]을 터치합니다. 앨범 만들기 창이 나타나면 앨범 이름을 입력하고 [추가]를 터치합니다.

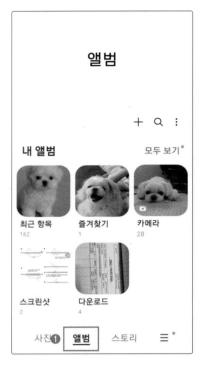

2. 만든 앨범으로 사진을 이동시키기 위해 [앨범]의 [항목 선택] 화면에서 [카메라] 앨범을 터치합니다. 이동할 사진을 선택한 후 [완료]를 터치합니다.

> **tip**
> **보고 싶은 앨범만 표시하기**
> [앨범]에서 ⋮ (더보기)를 터치하여 [보고 싶은 앨범 선택]을 터치합니다.

3. 선택한 이미지를 복사할 것인지 이동할 것인지 묻는 창에서 [이동]을 터치합니다. [내 앨범] 화면에서 만든 앨범을 터치합니다.

4. 다음과 같이 선택한 사진이 이동된 것을 확인할 수 있습니다. 앨범에 사진을 추가하기 위해 +를 터치합니다. [항목 선택] 화면에서 [최근 항목] 앨범을 터치합니다.

5. [최근 항목] 앨범에서 이동할 사진을 선택한 후 [완료]를 터치합니다. 이미지를 복사할 것인지 이동할 것인지 묻는 창에서 [이동]을 터치합니다.

6. 갤러리에서 사진을 삭제하려면 삭제할 사진을 2초 이상 길게 눌러 선택한 다음, 🗑 (삭제)를 터치합니다. 휴지통으로 이동할 것인지 묻는 창이 나타나면 [휴지통으로 이동]을 터치합니다.

7. 만약 사진을 잘못 삭제한 경우 삭제하기 이전의 상태로 복원할 수 있습니다. [앨범]을 터치한 다음 ☰(메뉴)를 터치하여 🗑(휴지통)을 터치합니다.

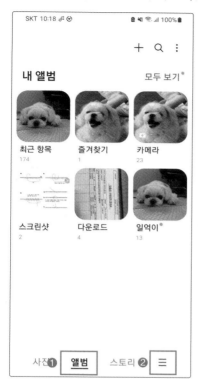
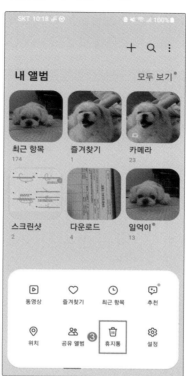

tip 갤러리에서 삭제한 사진은 휴지통에 30일 동안 보관됩니다.

8. 휴지통에서 복원할 사진을 2초 이상 눌러 선택한 다음, ↻(복원)을 터치합니다. 휴지통을 완전히 비우고 싶으면 ⋮(더보기)를 터치하여 [비우기]를 터치합니다. 파일을 완전히 삭제할 것인지 묻는 창에서 [삭제]를 터치합니다.

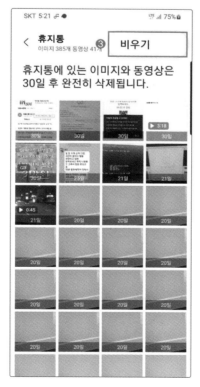
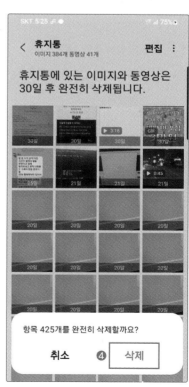

3 파일 관리자 앱으로 스마트폰 파일 관리하기

1. Play 스토어 앱에서 '파일관리자'를 검색하여 설치한 후 [열기]를 터치하여 실행합니다. 파일관리자 앱에서 [다음]을 터치한 다음 접근 권한 요청 화면에서 [다음]을 터치합니다.

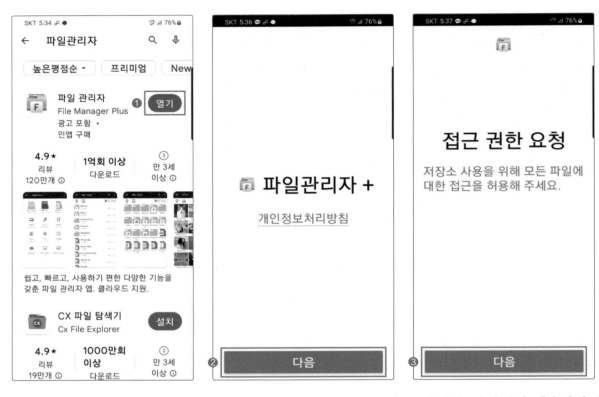

2. [모든 파일에 대한 접근] 화면에서 [파일관리자 +]를 터치하여 활성화 시킵니다. [파일관리자+] 화면에서 인터넷에서 다운로드 받은 파일을 관리하기 위해 [다운로드]를 터치합니다.

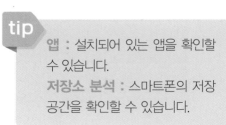

tip

앱 : 설치되어 있는 앱을 확인할 수 있습니다.
저장소 분석 : 스마트폰의 저장 공간을 확인할 수 있습니다.

3. 스마트폰에 다운로드 받은 파일이 표시됩니다. 삭제할 파일을 2초간 길게 눌러 선택한 다음, ▯ (삭제)를 선택합니다. 파일 삭제 유무를 묻는 창에서 '완전히 삭제'를 터치하여 체크 표시를 해제 한 후 [확인]을 터치합니다.

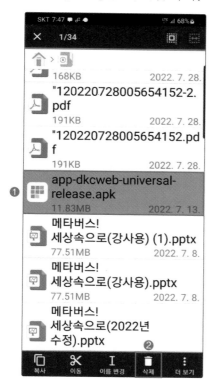 

tip '완전히 삭제'를 선택하면 삭제한 파일을 복원할 수 없습니다.

4. 삭제한 파일은 휴지통에 보관되므로 잘못 삭제시 복원할 수도 있습니다. ▤(메뉴)를 터치하여 [휴지통]을 터치합니다. [휴지통] 화면에서 [더보기]를 터치합니다.

 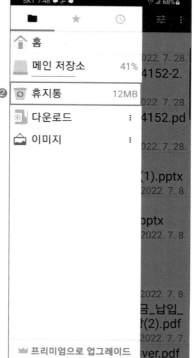 

5. 복원할 파일을 선택하고 ⏱(복원)을 터치하면 삭제하기 이전의 위치로 파일이 복원됩니다. 사용하지 않는 앱을 삭제하려면 ☰(메뉴)를 터치하여 🏠(홈)을 터치합니다.

6. [📱 앱]을 선택합니다. 삭제할 앱을 2초 동안 길게 눌러 선택한 다음, 🗑(제거)를 선택합니다. 선택한 앱을 제거할 것인지 묻는 창에서 [확인]을 터치합니다.

혼자 풀어보기

① 샌드애니웨어를 이용하여 스마트폰의 갤러리 사진을 컴퓨터 [사진] 폴더로 옮겨보세요.

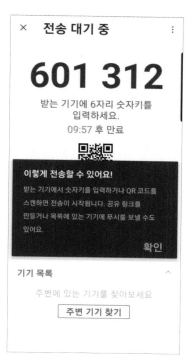

② 갤러리 폴더에 [여행] 앨범을 만들어 사진을 이동해보세요.

SECTION 04

네이버 MYBOX 활용하기

네이버 MYBOX는 30GB의 용량을 무료로 제공합니다. 사진, 동영상, 파일 상관없이 30GB만큼 저장할 수 있고, 올리기 크기를 '최적 크기'로 선택하면 우수한 화질을 유지하며 언제 어디서나 자료를 저장하고 받아볼 수 있습니다.

1 네이버 MYBOX 설치하기

1. Play 스토어를 실행하여 '네이버 마이박스'를 검색하여 설치한 후 실행합니다.

tip 구글에 회원 가입을 하면 15GB의 무료 클라우드 공간을 사용할 수 있습니다.

2. 네이버 아이디와 비밀번호를 입력한 후 [로그인]을 터치합니다. MYBOX가 실행되면 [시작하기]를 터치합니다.

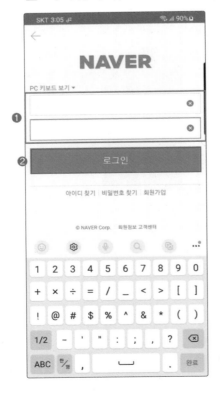

tip 네이버 아이디가 없는 경우 [회원가입]을 하면 MYBOX를 사용할 수 있습니다.

3. 다음과 같이 자동 올리기 사용 화면에서 '지금부터 촬영하는 사진'이 선택된 상태에서 [확인]을 터치합니다. [자동 올리기] 설정 화면의 세부 기능에서 '스크린샷 제외'는 비활성화 시키고, [확인]을 터치합니다.

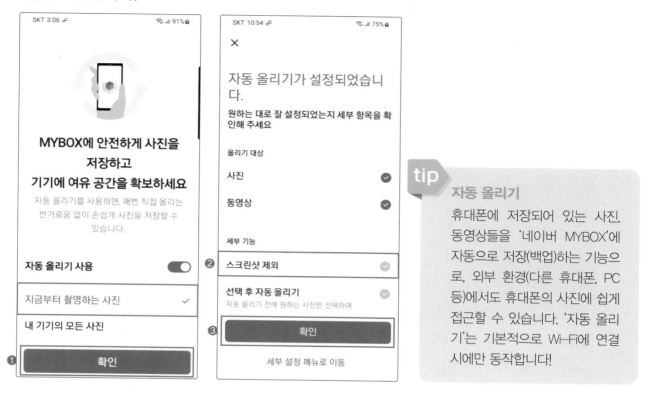

4. 자동 올리기 설정 완료 화면에서 [확인]을 터치하면 네이버 MYBOX 시작 화면이 나타납니다.

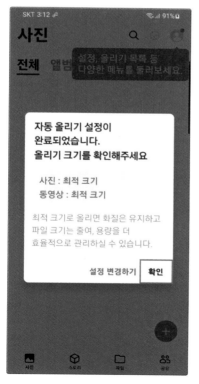

2 사진 업로드하기

1. 갤러리에 사진을 업로드하기 위해 [사진 올리기]를 터치한 다음 [갤러리]를 터치합니다. [모든 사진 · 동영상] 화면에서 업로드할 파일을 선택한 후 [올리기]를 터치합니다. 파일이 전송 완료되면 ⊠(닫기)를 터치합니다.

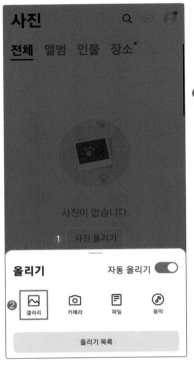
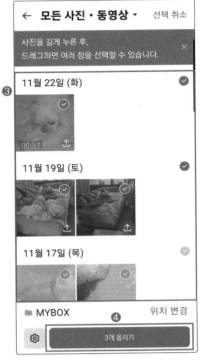

> **tip**
> 네이버 MYBOX에 업로드 가능한 파일 크기는 무료 사용자인 경우 4GB까지 가능합니다. 자동 올리기 가 설정된 경우 촬영된 사진은 [자동 올리기]에 대 기 상태가 되며, [사진]의 [전체]에서 [자동 올리기 대기]를 터치하여 [자동 올리기 파일 선택] 화면에 서 업로드할 사진을 선택한 후 [올리기]를 터치하 면 됩니다.

3 폴더 만들어 관리하기

1. 폴더를 만들기 위해 [파일]을 터치한 다음 ⌷₊(새폴더 만들기)를 터치합니다. [새폴더 만들기] 창에서 폴더 이름을 입력한 후 [확인]을 터치합니다.

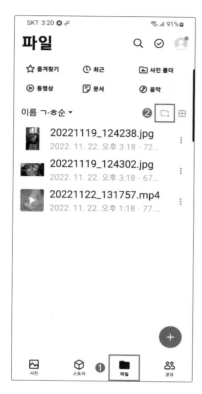

2. 다음과 같이 폴더가 만들어지면 폴더를 터치합니다. 선택한 폴더 화면에서 [파일 올리기]를 터치한 다음 [갤러리]를 터치합니다.

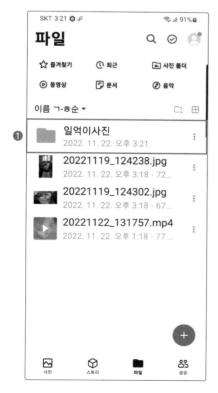

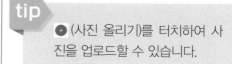

tip

ⓐ(사진 올리기)를 터치하여 사진을 업로드할 수 있습니다.

3. 업로드할 사진을 선택한 다음 [올리기]를 터치하면 선택한 폴더에 사진이 업로드 됩니다. 완료되면 ⊠(닫기)를 터치합니다.

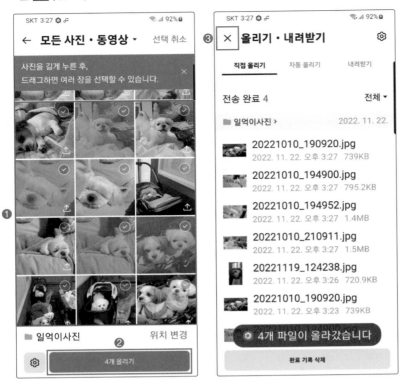

4. 올리기 메뉴를 아래로 드래그하면 선택한 폴더에 사진이 업로드 된 것을 확인할 수 있습니다. [←]를 터치하여 이전 화면으로 이동합니다.

5. 이번에는 사진을 폴더로 이동하기 위해 [파일] 화면 오른쪽 위에 ⊘(선택)을 터치합니다. 이동할 사진을 선택한 다음 [이동]을 터치합니다.

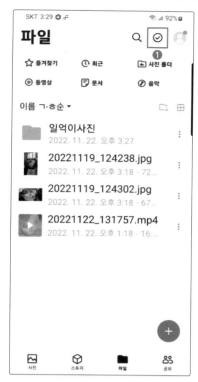 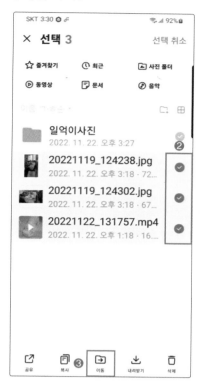

6. [이동 위치 선택] 화면에서 폴더를 선택한 후 [여기로 이동]을 터치합니다. 다음과 같이 파일이 이동되었다는 메시지가 나타나면 ⊠(닫기)를 터치합니다.

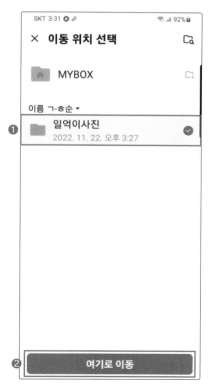 

4 파일 삭제하고 복원하기

1. 폴더에 저장된 파일을 삭제하려면 [파일] 화면에서 폴더를 터치한 다음, 오른쪽 위의 ⊘(선택)을 터치합니다.

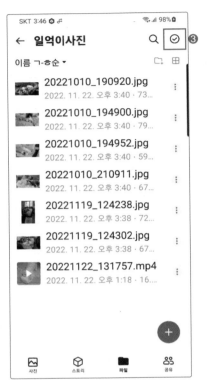

2. 사진 선택 상태가 되면 삭제할 사진을 선택하고 [삭제]를 터치합니다. 삭제된 항목은 휴지통으로 이동한다는 창이 나타나면 [삭제]를 터치한 다음 ⊠(닫기)를 터치합니다.

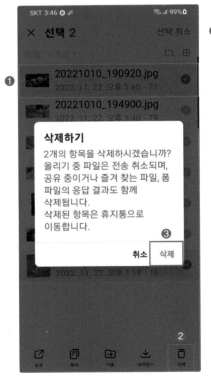
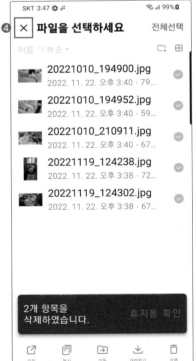

3. 휴지통에 보관된 사진을 삭제 이전의 상태로 복원하려면 [←]를 터치하여 이전 화면으로 이동합니다. 🕵️(계정)을 터치한 다음 [휴지통]을 터치합니다. 복원할 사진을 2초 동안 길게 눌러 선택한 다음 ↺(복원)을 터치하여 복원합니다.

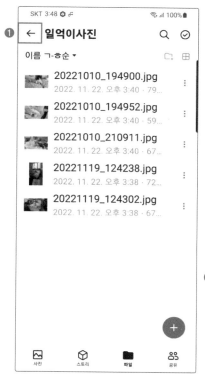
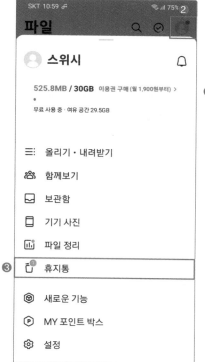

tip

[휴지통] 화면에서 [휴지통 비우기]를 터치하여 휴지통에 보관되어 있는 파일을 영구 삭제할 수 있으며, [설정]을 터치하면 자동 삭제 주기를 변경할 수도 있습니다.

5 MYBOX 환경 설정하기

1. 마이박스에서 🧑 (계정)을 터치한 다음 [설정]을 터치합니다.
[MYBOX 설정] 화면에서 [캐시 데이터 관리]를 터치합니다. [캐시 데이터 관리] 화면에서 [캐시 데이터 삭제]를 터치하여 여유 공간을 확보한 후 [←]를 터치합니다.

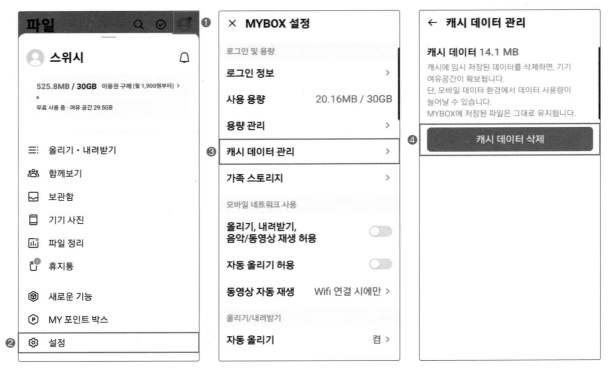

2. [자동 올리기]를 터치한 다음 [자동 올리기] 화면에서 [자동 올리기 대상]을 터치합니다. [자동 올리기 대상] 화면에서 자동 올리기할 폴더만 선택하고 [←]를 터치하여 이전 화면으로 이동합니다.

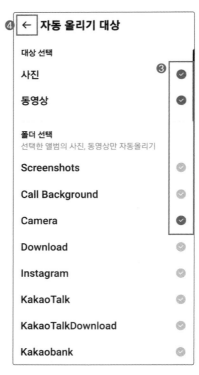

6 공유 폴더 만들어 지인과 사진 공유하기

1. [파일] 화면에서 공유할 폴더의 ⋮(더보기)를 터치한 다음 [공유]를 터치합니다.
공유 메뉴에서 [링크 공유]를 터치하여 URL 주소가 생성되면 ⊙(카카오톡)을 터치합니다.

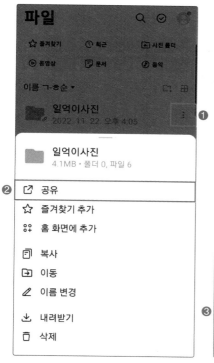

2. 카카오톡 친구 목록에서 공유할 지인을 선택하고 [확인]을 터치하면 채팅 창에 사진 폴더가 공유되어 카카오톡에서 공유 받은 사진을 볼 수 있습니다.

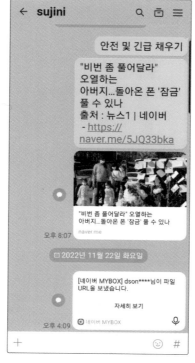

혼자 풀어보기

① 가족이나 애견 사진을 촬영하여 네이버 MYBOX에 업로드 해보세요.

② 가족 폴더를 만들어 가족 사진을 폴더로 옮겨보세요.

업로드된 이미지를 삭제해보고, 휴지통에서 삭제한 이미지를 복원시켜 보세요.

 휴지통 폴더에서 휴지통을 비워 저장 공간을 여유롭게 사용해보세요.

SECTION 05

카카오톡 관리하기

카카오톡에 등록된 친구를 관리하고, 테마를 설치하여 예쁘고, 멋있는 카카오톡을 사용할 수 있습니다. 뿐만아니라 카카오톡에 불필요한 캐시 파일과 채팅방 용량을 관리하여 스마트폰의 저장 공간을 확보할 수 있습니다.

1 친구 등록 및 관리하기

1. 카카오톡 [친구] 화면에서 👤+(친구 추가)를 터치합니다. 연락처로 추가하기 위해 📇(연락처로 추가)를 터치하여 [연락처로 추가] 화면에서 이름과 스마트폰 번호를 입력한 후 [확인]을 터치합니다.

tip

QR 코드로 추가하기 : 카카오톡 프로필을 QR로 설정한 경우 프로필의 QR을 인식하여 친구로 추가할 수 있습니다.

ID로 추가 : 카카오톡 ID로 친구를 추가할 수 있으며, 프로필 관리에서 카카오톡 ID를 만들 수 있습니다.

추천 친구 : [설정]에서 추천 친구를 활성화한 경우 추천 친구 목록을 확인하여 추가할 수 있습니다.

2. [←]를 터치하면 추가한 친구가 새로운 친구 목록에 등록된 것을 확인할 수 있습니다. 연락하지 않는 친구를 숨기려면 숨길 친구를 2초 이상 길게 누른 다음 [숨김]을 터치합니다.

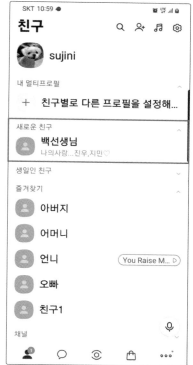
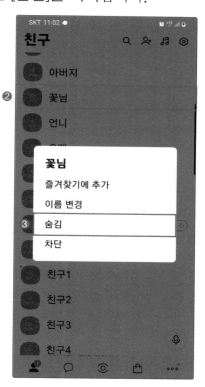

3. 숨긴 친구 목록을 확인하기 위해 ⚙ (설정)을 터치하여 [친구 관리]를 선택합니다. [친구] 화면의 친구 관리에서 [숨김친구 관리]를 터치합니다.

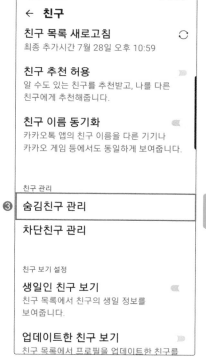

목록에서 숨김

친구목록에서 숨긴 친구는 설정 >친구>숨김친구 관리에서 목록으로 복귀하거나 차단할 수 있습니다.
(상대방에게 더이상 메시지를 받지 않으시려면, 숨김친구관리에서 차단해 주세요.)

다시보지않음   확인

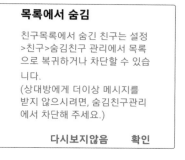

차단 : 친구 목록에서 친구가 삭제되고, 메시지를 받을 수 없습니다.

숨김 : 친구 목록에서 친구가 숨겨지나 메시지는 받을 수 있습니다.

4. [숨김친구 관리]에 숨김한 친구를 확인할 수 있습니다. 친구 목록으로 복귀시키고 싶으면 복귀시킬 친구의 [관리]를 터치하여 [친구목록으로 복귀]를 터치합니다.

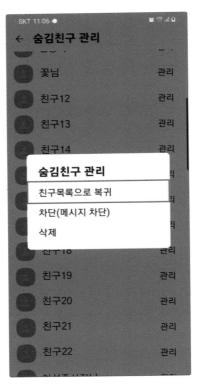

tip

'자동 친구 추가'가 활성화 되어 있는 경우 연락처에 전화번호를 저장하면 카카오톡의 새로운 친구로 등록됩니다. 저장되는 연락처를 카카오톡 친구로 자동으로 등록되지 않게 하려면 전화번호를 저장할 때 "#" 기호를 붙인 후 이름을 입력하면 카카오톡 친구로 자동 추가되지 않습니다.

2 카카오톡 테마 바꾸기

1. 카카오톡에서 …(더보기)를 터치하여 ⚙(설정)을 터치합니다. [설정] 화면에서 [테마]를 터치합니다.

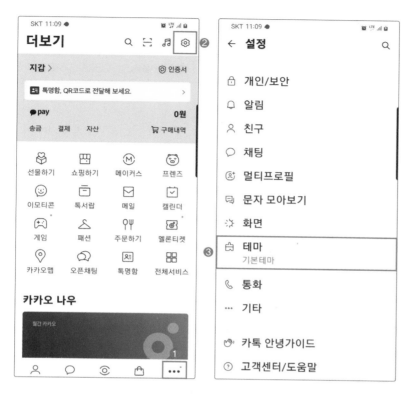

2. [테마] 화면의 공식 테마 목록에서 원하는 스타일의 테마를 선택한 다음 [설치]를 터치합니다.

3. 선택한 테마가 설치되면 [열기]를 터치한 다음 [테마 적용하기]를 터치합니다. 카카오톡 화면이 선택한 테마로 변경된 것을 확인할 수 있습니다.

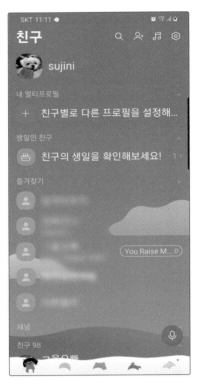

tip 카카오톡 기본 테마로 되돌리려면 [테마] 화면에서 [시스템 설정 모드]를 선택하면 됩니다. [테마] 화면에서 [관리]를 터치하면 설치한 테마를 삭제할 수 있습니다.

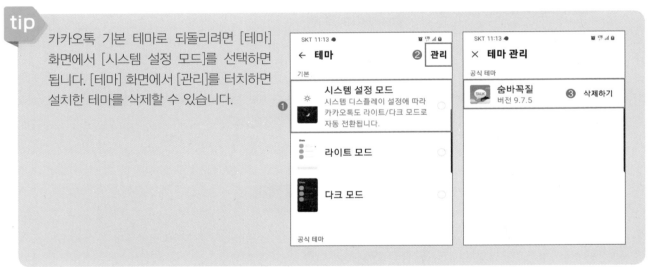

③ 카카오톡 청소하기

1. 불필요한 캐시 파일을 삭제하려면 ⋯(더보기)를 터치한 다음 ⚙(설정)을 터치합니다. [설정] 화면에서 [기타]를 터치한 후 [저장공간 관리]를 터치합니다.

2. [저장공관 관리] 화면에서 [캐시 데이터 삭제]를 터치한 후 [모두 삭제]를 터치하면 저장 공간이 삭제된 용량 만큼 증가된 것을 확인할 수 있습니다.

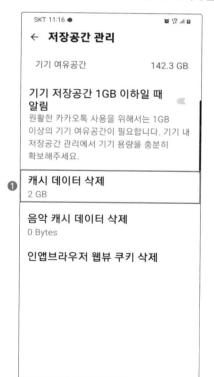
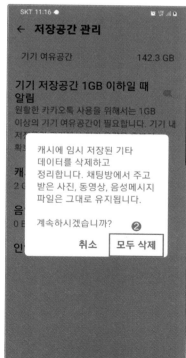
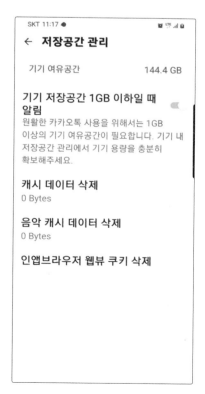

1. 카카오톡의 채팅 목록 화면에서 용량 관리할 채팅방을 터치합니다. 선택한 채팅방에서 ☰(채팅방 서랍)을 터치합니다.

2. [채팅방 서랍] 화면에서 ⚙(설정)을 터치합니다. [채팅방 설정] 화면에서 [전체 파일 모두 삭제]를 터치한 다음 [전체 파일 모두 삭제] 창에서 [모두 삭제]를 터치합니다.

 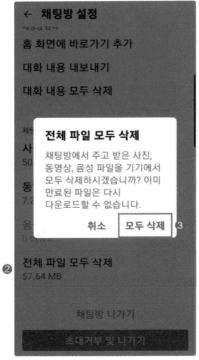

tip 단체 채팅방인 경우 [채팅방 설정]에서 [초대거부 및 나가기]를 터치하면 채팅 방을 나가고, 초대를 거부하여 다시 채팅방으로 입장할 수 없습니다.

5 채널 취소하기

1. [친구] 목록에서 [채널∨]을 터치하여 차단할 채널을 터치합니다. 선택한 채널 창에서 (채널차단)을 터치합니다.

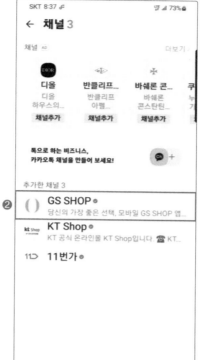

2. 채널 차단 창에서 [차단]을 터치하면 채널이 차단되었다는 창이 나타납니다. [확인]을 터치합니다.

tip 차단된 채널은 [친구 관리]에서 [차단친구 관리]에서 확인할 수 있습니다.

혼자 풀어보기

① 친구 목록에서 모르는 사람을 숨겨보세요.

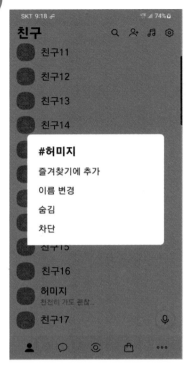
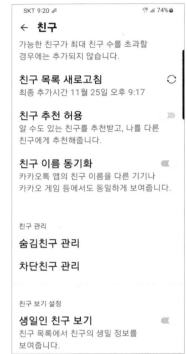

② 숨김 목록에 등록된 친구를 친구목록으로 복귀시켜보세요.

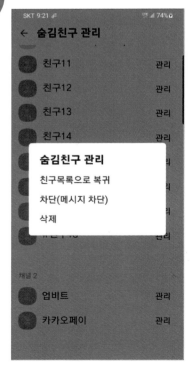

③ 특정 채팅방 용량을 관리해보세요.

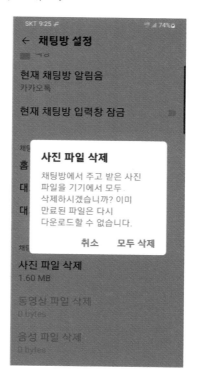

④ 관심 없는 채널이 등록되어 있으면 채널을 차단해보세요.

카카오톡 100% 활용하기

카카오톡의 선물 보내기를 이용하여 지인에게 모바일 교환권이나 선물을 할 수 있으며, 카카오톡 인증서를 만들면 스마트폰으로 공공기관, 금융 등 다양한 서비스 환경에서 간편하게 본인 인증을 할 수 있습니다.

1 선물 보내기

1. 카카오톡에서 ⋯(더보기)를 터치한 다음 [선물하기]를 터치합니다. [선물하기] 화면의 [홈] 메뉴에서 '누구를 위한 선물인가요?'를 터치합니다. [친구 선택]에서 선물할 친구를 선택하고 [확인]을 터치합니다.

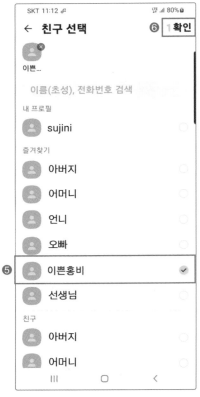

2. [선물하기] 화면에서 [브랜드]를 선택한 다음 [모바일 교환권]을 터치합니다. [모바일 교환권] 화면에서 선물 종류를 선택합니다. 여기서는 [치킨]을 터치한 다음, 좋아하는 브랜드를 선택하고 세부 메뉴를 선택합니다.

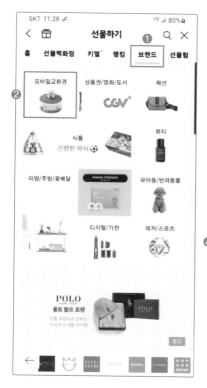
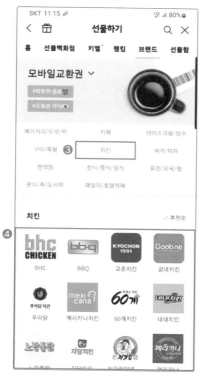
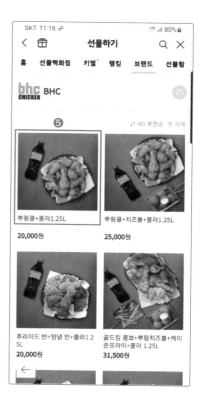

3. 선택한 선물의 세부 내용을 확인한 후 [선물하기]를 터치합니다. 선물할 수량을 확인하고 다시 [선물하기]를 터치합니다.

4. 선물과 함께 보낼 카드와 내용을 입력한 후 결제를 위해 화면을 위로 드래그합니다. [기타결제]를 터치한 다음 [신용카드 결제]를 터치하고, [결제하기]를 터치합니다.

5. 이용 약관의 '전체 동의'를 터치하여 체크 표시를 한 후 결제할 카드를 선택합니다. 결제 금액과 카드를 확인한 후 [다음]을 터치합니다.

tip [더보기]를 터치하면 다른 카드를 선택할 수 있으며, 선택한 카드사에 따라 결제 방식이 다를 수 있습니다.

6. 카드 번호로 결제하기 위해 [간편 결제]를 터치한 다음 [ARS 결제]를 터치합니다.

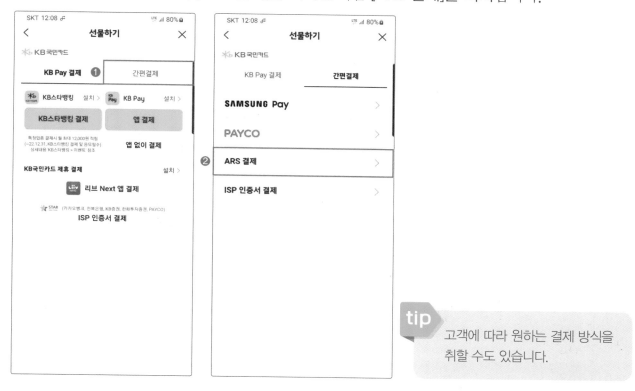

tip
고객에 따라 원하는 결제 방식을
취할 수도 있습니다.

7. 카드 정보와 휴대폰 번호를 입력한 후 [ARS 결제서비스이용약관(필수)]을 터치하여 체크 표시합니다. [ARS 결제하기]를 터치하여 카드사에서 오는 전화를 받은 다음 안내에 따라 카드 비밀번호 앞 두자리를 입력하면 결제가 완료됩니다.

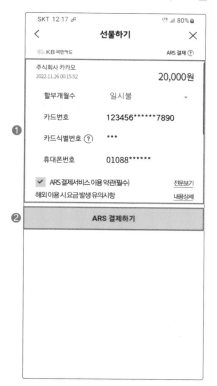
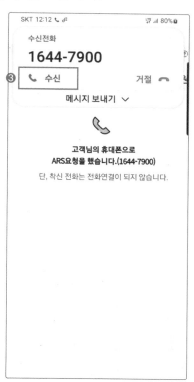

2 선물함 관리하기

1. [더보기] 화면에서 [선물하기]를 터치합니다. [선물하기] 화면의 [선물함]을 터치하면 지인으로 부터 받은 선물을 확인할 수 있습니다. 받은 선물을 환불하려면 환불 받을 선물을 선택합니다.

2. [취소/환불]을 터치한 다음, 환불에 대한 안내 내용을 읽은 후 [확인]을 터치합니다. 정상적으로 처리되었다는 메시지가 나타나면 [확인]을 터치합니다.

tip
받은 선물을 환불할 경우 구매 금 액의 90%만 환불 처리가 됩니다.

3. [환불을 위한 개인정보 수집 동의] 화면에서 '동의합니다.'를 터치하여 체크 표시를 한 후 [다음] 을 터치합니다. 환불 받을 계좌를 정확히 입력한 후 [다음]을 터치합니다.

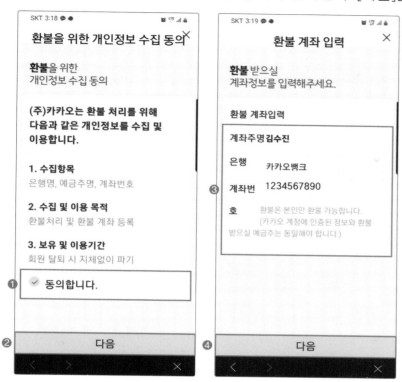

4. [환불 계좌 확인] 화면에서 환불 금액과 환불 계좌 정보를 확인한 후 [다음]을 터치하면 다음과 같이 환불 신청이 완료됩니다.

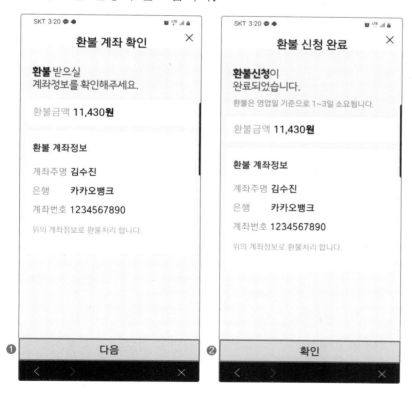

3 이모티콘 구매하기

1. [더보기] 화면에서 😊(이모티콘)을 터치합니다. 이모티콘 화면에서 원하는 종류의 이모티콘을 터치합니다.

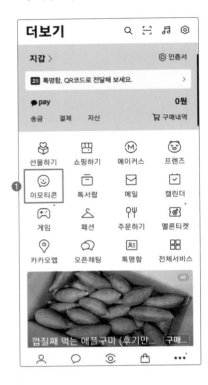

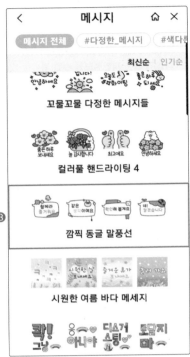

2. 이모티콘 결제 화면에서 [구매하기]를 터치한 후 [Google Play] 결제 화면에서 [구매]를 터치합니다. 카카오톡 대화 상자에서 😊(이모티콘)을 터치하면 구매한 이모티콘을 보낼 수 있습니다.

결제 수단을 설정하기

❶ 이모티콘을 처음 구매하는 경우 카카오 계정과 연결한 후 결제 수단을 설정해야 됩니다. 이모티콘을 선택하고 [구매]를 터치하면 다음과 같이 [유료 이용 약관] 화면이 나타납니다. '동의합니다.'에 체크 표시를 한 후 [확인]을 터치합니다.

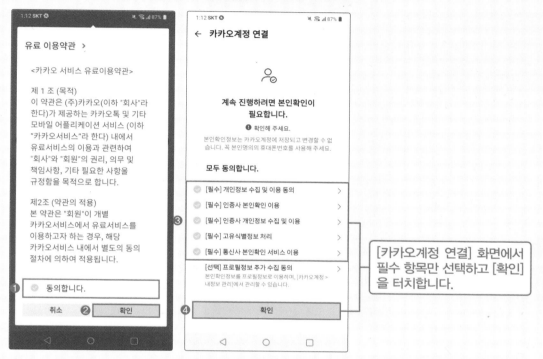

[카카오계정 연결] 화면에서 필수 항목만 선택하고 [확인]을 터치합니다.

❷ [카카오계정 연결] 화면에서 본인 이름과 주민등록번호, 통신사, 휴대폰 번호를 입력하고 [인증요청]을 터치합니다. 문자로 전송 받은 인증번호를 정확히 입력한 후 [다음]을 터치합니다. 결제 수단은 휴대폰을 선택합니다.

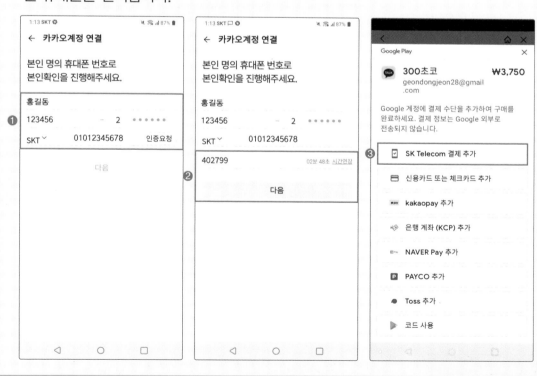

1. 카카오톡 [더보기] 화면에서 [지갑]을 터치한 다음 [발급]을 터치합니다.

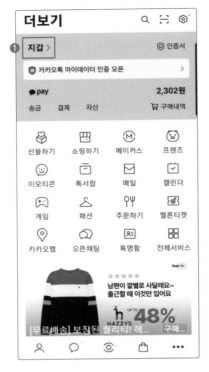

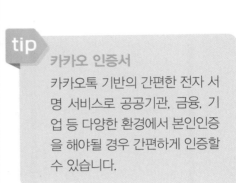

tip

카카오 인증서

카카오톡 기반의 간편한 전자 서명 서비스로 공공기관, 금융, 기업 등 다양한 환경에서 본인인증을 해야될 경우 간편하게 인증할 수 있습니다.

2. [인증서 발급 이용약관 동의] 화면에서 필수항목만 터치하여 체크 표시를 한 다음 [계속 진행하기]를 터치합니다. [본인 인증] 화면에서 휴대폰 번호란을 터치하여 통신사를 선택합니다.

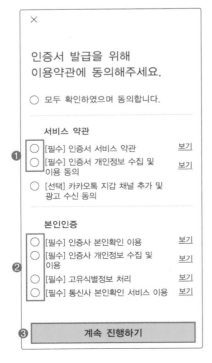

tip

휴대폰 본인인증은 반드시 본인 명의의 휴대폰 번호만 가능하며, 본인 명의의 휴대폰 번호가 없다면 카카오톡 인증서 발급이 어렵습니다.

3. 본인의 휴대폰 번호를 입력한 후 [인증요청]을 터치합니다. 문자로 전송받은 인증번호 6자리를 입력한 후 [다음]을 터치합니다.

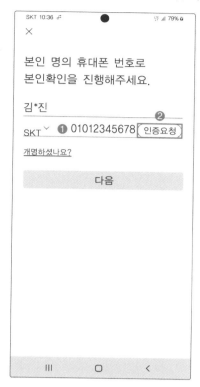 

4. 은행 계좌 인증을 받기 위해 [은행과 계좌번호 입력]을 터치하여 인증받을 은행을 선택합니다. 선택한 은행의 계좌번호를 정확히 입력한 후 [1원 송금하기]를 터치합니다.

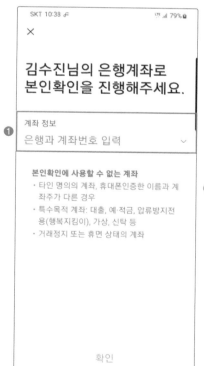 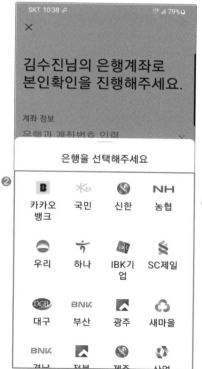 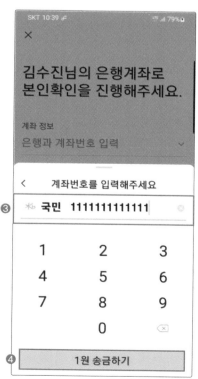

5. 선택한 은행 계좌에 1원을 입금한 입금자명을 정확히 입력한 후 [확인]을 터치합니다. [My 비밀
번호 입력] 화면에서 인증서 발급 비밀번호 6자리를 입력합니다. 인증서가 발급되면 [확인]을 터
치합니다.

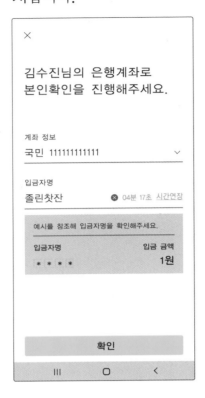 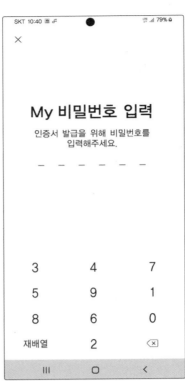 

계좌인증 : 카카오 인증서는 전자서명법과 카카오 전자서명인증업무준칙
에 따라 휴대폰인증과 계좌인증으로 사용자의 신원을 확인하고 있습니다.
본인 계좌 확인 : 본인 계좌 인증에서 선택한 은행 뱅킹으로 로그인하여
[거래내역조회]를 확인하면 1원을 송금한 입금자명을 확인할 수 있습니다.

1. [더보기] 화면에서 [지갑]을 터치한 후 [지갑] 화면에서 [전자증명서]를 터치합니다. [전자 증명서]
화면에서 발급받을 전자증명서로 [주민등록등본]을 선택합니다.

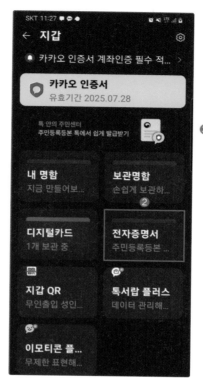
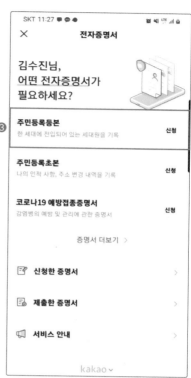

2. [주민등록상 주소] 선택 화면에서 '주민등록상 주소를 선택해 주세요'를 터치합니다. [시/도 선택
해 주세요.] 화면에서 주민등록상의 시도를 선택합니다.

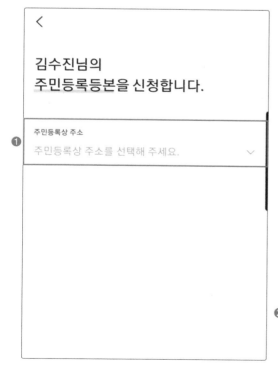
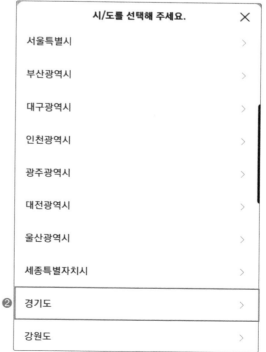

3. 이번에는 [시/군/구를 선택 해주세요.] 화면에서 주민등록상의 시를 선택합니다. 주민등록상의 주소를 확인한 후 발급 형태를 '기본 발급'을 선택한 후 [인증 후 신청하기]를 터치합니다.

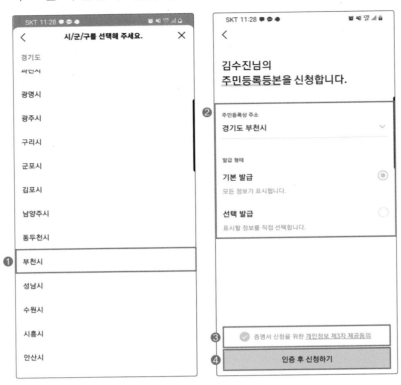

4. [My 비밀번호 입력] 화면에서 인증서 발급할 때 입력한 비밀번호 숫자 6자리를 입력합니다. 다음과 같이 주민등록등본이 발급되면 [제출하기]를 터치합니다.

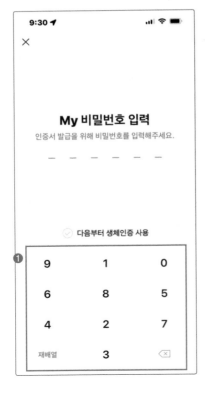

5. 증명서를 제출할 기관을 검색한 후 [다음]을 터치한 다음 [제출하기]를 터치합니다.

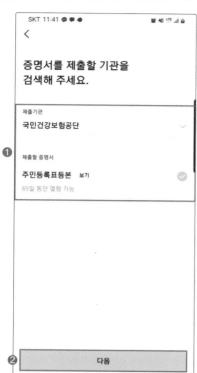

tip

서류 저장하기

발급받은 증명서를 스마트폰에 저장하기 위해 [저장하기]를 터치한 다음 증명서 사본 저장 메시지 창에서 [확인]을 터치합니다. 열람용 비밀번호 설정 화면에서 열람용 비밀번호 6자리를 입력한 후 [확인]을 터치합니다. 주민등록등본이 다운로드 되면 서류를 카카오톡이나 메시지로 전달할 수 있습니다.

혼자 풀어보기

1 가까운 지인에게 응원 메시지를 담아 카드와 함께 깜짝 선물을 보내보고, 내 선물함에 받은 선물이 있나 확인해보세요.

2 최근 유행인 이모티콘이 어떤 것이 있는지 확인해보세요. 마음에 드는 이모티콘을 구매하여 사용해보세요.

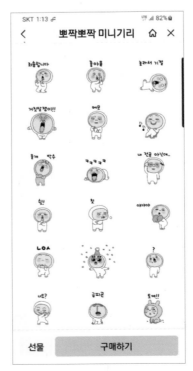

3 주민등록 초본을 발급 받아 나에게 카카오톡으로 보내보세요.

4 신청한 증명서를 확인해보고 [편집]을 클릭하여 삭제해보세요.

디지털 카드 지갑 활용하기

삼성페이나 카카오페이, 네이버페이 등을 활용하면 카드를 가지고 다니지 않고도 오프라인으로 결제할 수 있어 편리합니다. 삼성페이에 카드 등록하는 방법과 교통 카드와 연결하는 방법에 대해 알아봅니다.

1 삼성페이 가입하고 카드 등록하기

1. Play 스토어에서 "삼성페이"를 검색하여 앱을 설치한 후 실행합니다. 삼성페이 화면에서 [계속]을 터치한 다음 접근 권한 안내 화면에서 [계속]을 터치합니다.

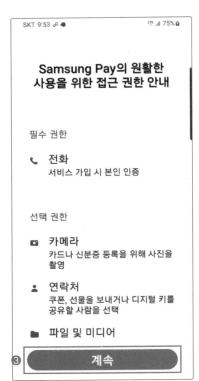

2. 삼성페이 마케팅 수신 동의 화면에서 아무것도 선택하지 말고 [계속]을 터치합니다. [인증 수단] 화면에서 비밀번호로 삼성페이를 사용하기 위해 [건너뛰고 Samsung Pay 비밀번호 사용]을 터치합니다.

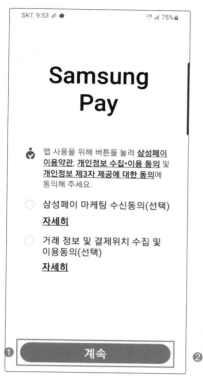

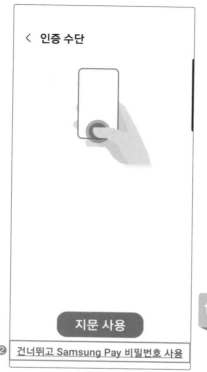

tip 지문 사용 : 자신의 지문을 이용하여 결제를 할 수 있습니다.

3. 삼성페이를 사용할 앱 비밀번호 숫자 6자리를 정확히 입력한 후 다시 한번 같은 번호를 입력합니다.

tip 삼성페이 앱 비밀번호는 본인만 알 수 있는 숫자 6자리로 설정하세요.

4. 카드를 등록하기 위해 [추가]를 터치한 다음 [결제 카드]를 터치합니다. [결제 카드 추가] 화면에서 [사진으로 찍어 카드 추가]를 터치합니다.

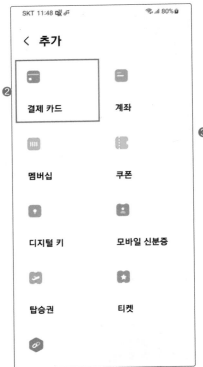
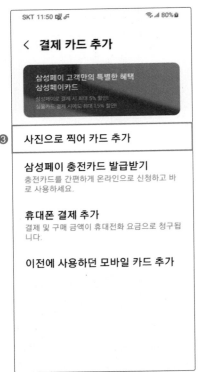

5. 사진 촬영 허용 유무 화면이 나타나면 [앱 사용 중에만 허용]을 터치한 다음, 카드 등록 화면에서 [수동으로 카드 입력]을 터치합니다. [카드 추가] 화면에서 카드 번호 16자리와 만료일을 입력하고, 보안 코드, 카드 비밀번호 앞 두자리를 입력한 후 [다음]을 터치합니다.

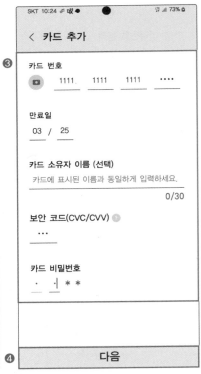

6. [카드] 화면에서 '전체'를 터치합니다. [본인 인증] 화면에서 이름, 국적, 성별, 생년월일, 통신사를 선택한 다음 [인증요청]을 터치하면 인증번호가 입력됩니다.

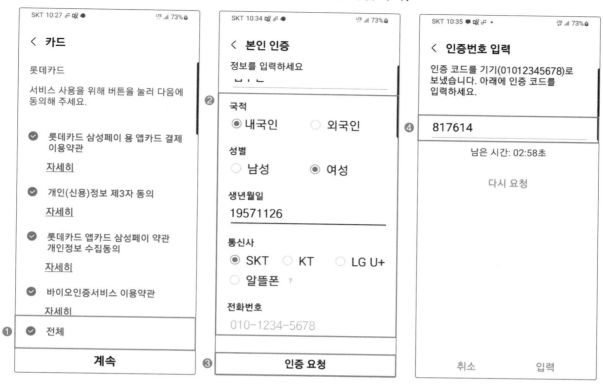

7. [결제 비밀번호 등록] 화면에서 결제할 때 사용할 비밀번호 6자리를 입력합니다. [비밀번호 확인] 화면에서 같은 비밀번호를 다시 한번 더 입력한 후 카드가 추가되면 [완료]를 터치합니다.

8. 삼성페이로 현장 결제를 하려면 스마트폰 화면 아래 부분을 위로 드래그하여 삼성페이 앱을 실행한 후 [비밀번호]를 터치합니다.

9. [결제 비밀번호 입력] 화면에서 결제 비밀번호 6자리를 입력한 후 결제 상태가 되면 스마트폰의 뒷면을 카드 리더기에 대면 결제가 완료됩니다.

2 교통 카드 등록하기

1. 삼성페이 화면에서 [메뉴]를 터치한 다음 [교통카드 추가]를 터치합니다.

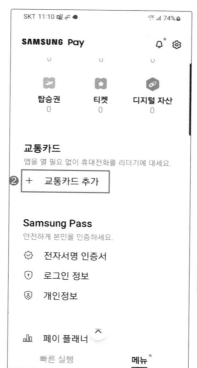

tip

[메뉴]를 터치한 후 삼성페이가 잠겨 있으면 [비밀번호]를 터치하여 잠금 해제 비밀번호 6자리를 입력해야 됩니다.

2. [교통카드 추가] 화면에서 **사용할 교통 카드를 터치한** 다음 교통카드를 사용하려면 NFC를 켜라는 창이 나타나면 [켜기]를 터치합니다. [결제 방식 선택] 화면에서 [후불]을 터치합니다.

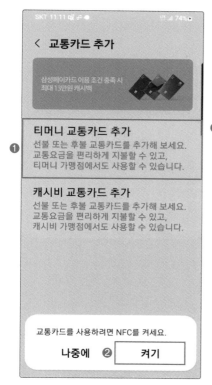
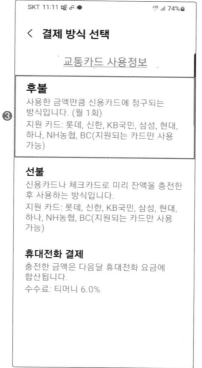

3. [카드 선택] 화면에서 삼성페이에 등록된 신용카드를 선택합니다. '아래 이용약관에 동의합니다.' 를 터치하여 선택한 후 인증을 위해 [비빌번호]를 터치합니다.

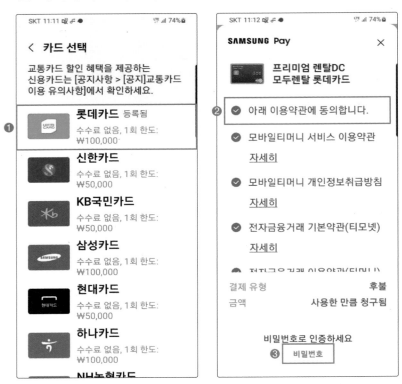

4. 삼성페이 결제 비밀번호 6자리를 입력하여 교통카드가 추가되면 [완료]를 터치합니다. 이후부터 는 대중교통 이용시 카드 뒷면을 카드리더기에 대면 요금이 후불로 처리됩니다.

5. NFC 모드를 카드 모드로 변경하기 위해 스마트폰의 알림 영역을 아래로 드래그한 다음, 다시 한 번 아래로 드래그하여 알림 영역을 확장시킵니다. ⬛(기본 모드)를 터치하여 ⬛(카드 모드)로 변경합니다.

tip

NFC 켜고/끄기 : NFC(Near Field Communication)는 10cm 이내의 거리에서 무선 데이터를 주고받는 통신 기술로 교통 카드 없이 대중교통을 이용하거나, 상점에서 별도의 카드 없이도 결제할 수 있습니다. NFC 기능을 켜놓은 상태로 스마트폰을 주머니나 가방에 넣고 다니면 간혹 NFC 오류가 뜨는 경우가 있습니다. 삼성페이로 결제하거나 교통 카드로만 사용한다면 NFC 모드를 '카드 모드'로 설정하는 것이 좋습니다.

한걸음 더!   **PAYCO(페이코)**

미리 결제수단을 등록해두고 등록한 결제수단을 통해 결제하는 간편결제 서비스를 할 수 있습니다.

혼자 풀어보기

1 삼성페이에 카드를 추가로 등록해보세요. 삼성페이를 열어 카드를 왼쪽 또는 오른쪽 방향으로 드래그하여 등록한 카드 중 사용할 카드를 선택해보세요.

2 삼성페이를 실행하여 [메뉴]를 눌러 등록된 카드를 삭제해 보세요.

삼성페이에 보이는 카드를 터치하여 지출 내역을 확인해보세요.

 커피나 아이스크림 등의 매장에서 발급한 멤버십 카드를 등록해보세요.

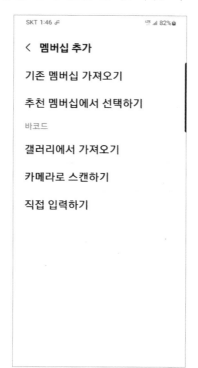

SECTION 08

스마트한 생활 즐기기

쇼핑몰 플랫폼을 이용하여 생활 용품 등을 주문하여 집에서 받을 수 있을 뿐만 아니라 음식을 주문하여 집에서 편하게 받을 수 있으며, 커피나 음료를 선택한 매장에 주문한 후 매장에 방문하여 주문한 제품을 빠르게 받을 수 있습니다.

1 집에서 음식 주문하기

1. '배달의민족' 앱을 설치하여 실행합니다. 실행한 다음 음식 주문 후 배달 받을 주소를 입력하기 위해 [현재 위치로 설정]을 터치한 다음 [앱 사용 중에만 허용]을 터치합니다. [지도에서 위치 확인] 화면에서 [이 위치로 주소 설정]을 터치합니다.

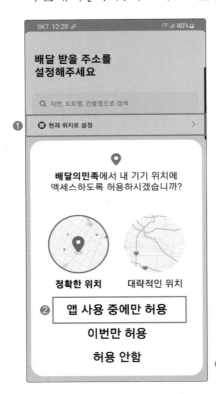

2. [상세 정보 입력] 화면에서 상세 주소를 입력한 후 [완료]를 터치합니다. 배달의 민족 화면 위에 저장한 주소를 확인하고 음식을 배달하기 위해 [배달]을 터치합니다.

3. [배달] 화면에서 음식의 종류를 선택합니다. ↑↓ (정렬)을 터치하여 [가까운 순]을 선택하면 현재 위치와 가까운 음식점이 검색됩니다.

4. 다음과 같이 거리가 가까운 음식점부터 검색되면 원하는 음식점을 선택하여 메뉴에서 주문하고자 하는 메뉴를 터치합니다.

5. 주문할 음식의 수량을 입력하고 [담기]를 터치합니다. 같은 방법으로 다음과 같이 음식을 모두 선택한 후 [장바구니 보기]를 터치합니다.

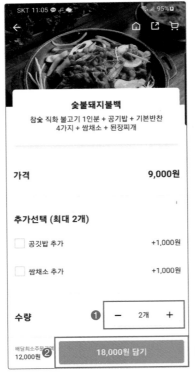

tip
배달의민족 앱은 음식점마다 배달 최소 주문 금액이 있으며, 배달 거리에 따라 배달 요금이 추가됩니다.

6. 장바구니 내용을 확인한 후 [배달 주문하기]를 터치합니다. 로그인 화면이 나타나면 [비회원으로 주문하기]를 터치합니다. [주문하기] 화면에서 배달 주소를 확인하고 휴대폰 인증을 위해 [인증]을 터치합니다.

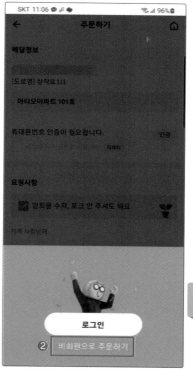
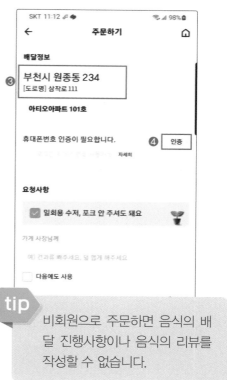

tip
비회원으로 주문하면 음식의 배달 진행사항이나 음식의 리뷰를 작성할 수 없습니다.

7. 스마트폰 번호를 입력한 후 [인증번호 받기]를 터치합니다. 잠시 후 문자 메시지가 전송되면 스마트폰의 알림 영역을 아래로 드래그하여 전송 받은 인증번호를 확인합니다. 인증번호를 입력한 후 [확인]을 터치합니다.

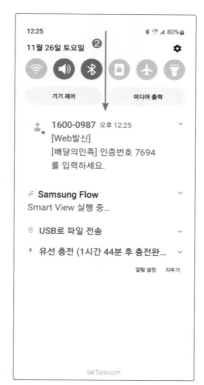

8. [주문하기] 화면에서 [다른 결제수단]을 선택하고 '위 내용에 모두 동의합니다.'에 체크한 다음 [결제하기]를 터치합니다. [결제하기] 화면에서 이용약관에 '전체동의'를 터치하고 결제할 카드를 선택합니다.

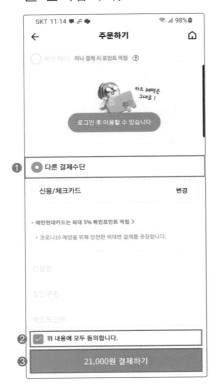

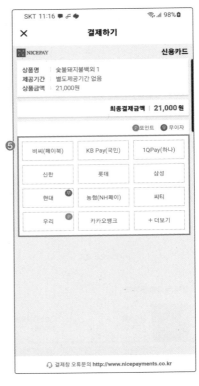

9. 결제 내역을 확인한 후 '상기 결제 내용을 확인하였습니다.'를 터치하여 체크 표시를 하고 [다음]을 터치합니다. [간편결제]를 터치한 다음 [SAMSUMG Pay]를 터치합니다. 삼성페이에서 [비밀번호]를 터치하고, 결제 비밀번호 6자리를 입력하면 결제가 완료됩니다.

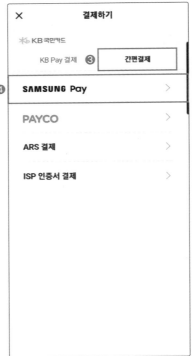
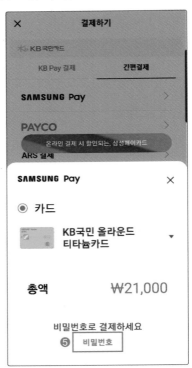

2 스마트 오더로 커피 주문하기

1. 네이버 앱을 실행한 다음 카페를 검색합니다. 여기서는 '이디야'를 검색합니다. 현재 위치에서 가까운 카페 매장을 선택 후 [주문]을 터치합니다. 포장할지 아니면 매장에서 먹고 갈지를 선택합니다.

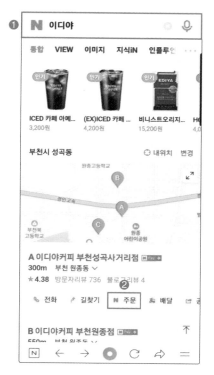

2. [메뉴]를 터치하고 원하는 메뉴의 🛒(장바구니)를 터치합니다. 선택한 메뉴의 세부 옵션을 추가한 후 [담기]를 터치합니다. 같은 방법으로 음료를 선택한 다음 [주문하기]를 터치합니다.

3. [주문서] 화면에서 주문자 정보에 요청 사항을 입력합니다. 화면을 위로 드래그하여 주문 매장 위치를 정확히 확인한 후 [주문하기]를 터치합니다. 결제 수단으로 '일반결제'를 선택한 후 결제할 카드를 선택합니다.

4. 결제 화면을 위로 드래그한 후 [결제하기]를 터치합니다. [간편결제]를 선택한 후 [SAMSUNG Pay]를 터치합니다. 삼성페이에서 [비밀번호]를 터치한 다음 결제 비빌번호 6자리를 입력하여 결제합니다.

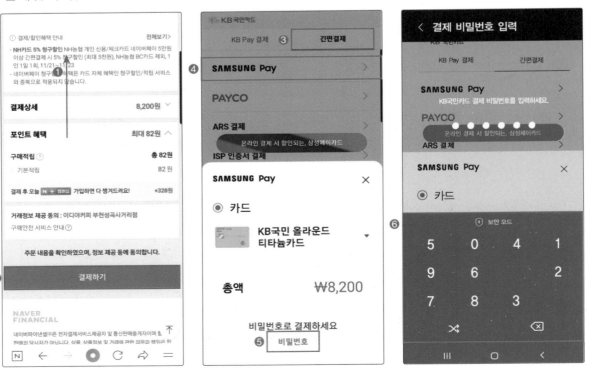

1. 네이버 앱을 실행하여 📟 (Pay)를 터치한 다음 [네이버 페이] 화면에서 약관의 필수 항목만 선택하고 [서비스 시작하기]를 터치합니다. 이벤트 정보 알림 수신 화면이 나타나면 [다음에 하기]를 터치합니다.

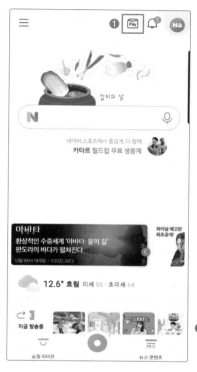
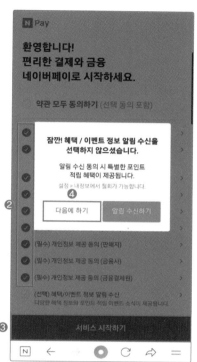

2. [N Pay] 화면에서 ☰ (메뉴)를 터치하여 [페이 설정]을 터치합니다.

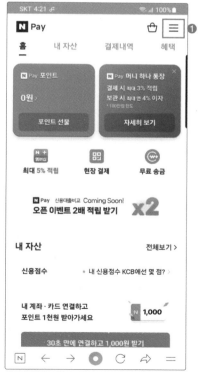

3. 네이버페이 비밀번호를 설정하기 위해 [확인]을 터치합니다. [네이버 본인 휴대전화 인증] 화면에서 약관에 모두 동의하고 이름, 성별, 생년월일, 사용하는 통신사와 휴대전화번호를 입력한 후 [인증]을 터치합니다. 문자 메시지로 전송된 인증번호를 입력하고 [확인]을 터치합니다.

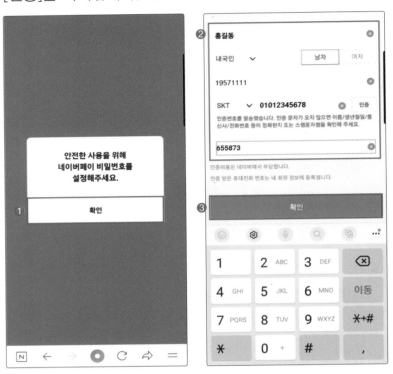

4. 간편 카드로 결제하기 위해 비밀번호 6자리를 터치합니다. 다시 한번 동일한 비밀 번호를 터치하면 네이버페이 비밀번호가 설정됩니다. [확인]을 터치합니다.

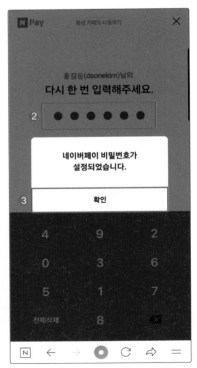

tip
비밀번호를 잘못 터치하면 인증부터 다시 진행해야 됩니다.

5. [페이 설정] 화면에서 카드 관리의 [등록하기]를 터치하고 [카드 등록하기]를 터치합니다. [카드 스캔] 화면의 사각형에 등록할 카드를 맞추면 자동으로 카드가 스캔됩니다. 카드 스캔이 되면 [확인]을 터치합니다.

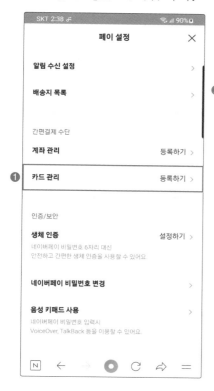
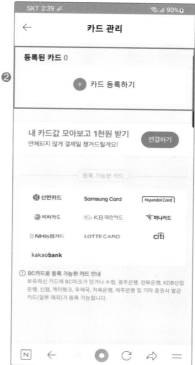

6. [카드정보] 화면에서 카드 뒷면의 CVC 번호와 카드 비빌번호 앞 두자리를 입력합니다. '전체 약관 동의'를 터치하여 체크 표시를 하고 [완료]를 터치합니다. 네이버페이 비밀번호를 터치하면 다음과 같이 카드가 등록된 것을 확인할 수 있습니다.

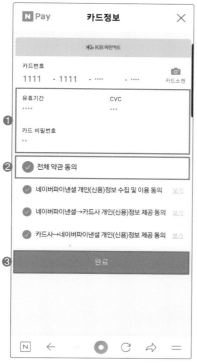
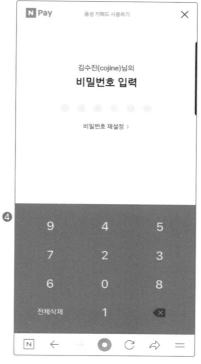

4 인터넷 쇼핑하기

1. 네이버 앱에서 "예쁜머그컵"을 입력하여 검색한 다음 카테고리에서 [쇼핑]을 터치합니다. 검색된 상품에서 원하는 상품을 터치합니다.

2. 선택한 상품의 주문 화면에서 [구매하기]를 터치한 다음, 옵션 선택(필수) 항목에서 구매할 물품을 선택합니다.

3. 상품의 수량과 금액을 확인한 후 [바로구매]를 터치합니다. [주문/결제하기] 화면에서 배송지와 주문자를 확인한 후 화면을 위로 드래그합니다.

 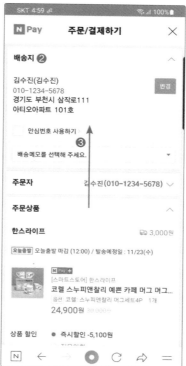

> tip
> 배송지의 [변경]을 터치하여 상품 받을 배송지를 수정할 수 있습니다.

4. 결제방식은 '카드 간편결제'를 선택한 다음 결제할 카드를 터치합니다. 화면을 다시 위로 드래그하여 [결제하기]를 터치합니다.

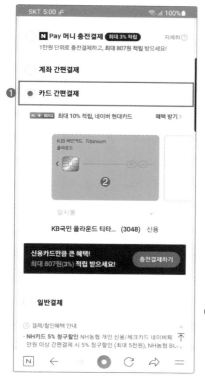 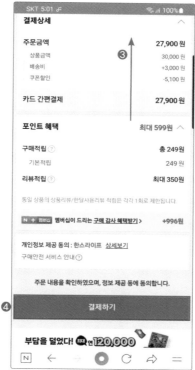

5. 네이버페이 비밀번호를 터치하면 다음과 같이 주문이 완료됩니다.

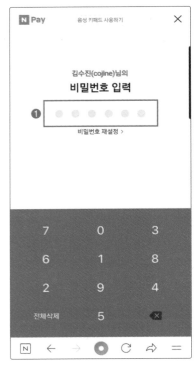 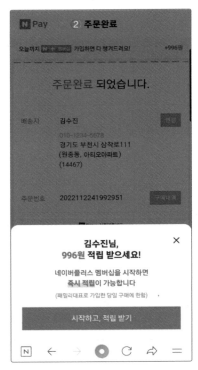

tip

결제 카드 삭제하기

페이 설정에서 [카드 관리]를 터치하여 삭제할 카드의 ⋮ (더보기)를 터치한 후 [카드 삭제]를 터치합니다.

5 **주문 내역 확인하고 취소하기**

1. [N Pay] 화면에서 [결제 내역]을 터치하면 결제 또는 배송 내역을 확인할 수 있습니다. 구매한 물품이 배송전이면 [취소요청]을 터치합니다.

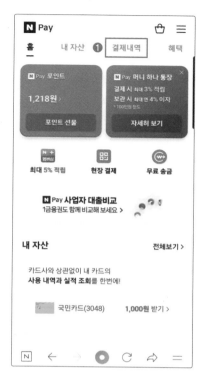

tip

구매한 물품이 배송 중이거나 배송이 완료되었으면 [반품요청]을 해야되며, 반품요청시 택배비가 차감되고 환불되므로 주의하세요.

2. 취소하는 사유를 선택한 후 [취소 신청하기]를 터치합니다. 취소 신청 완료 화면에서 [결제 내역]을 터치하면 취소 유무를 확인할 수 있습니다.

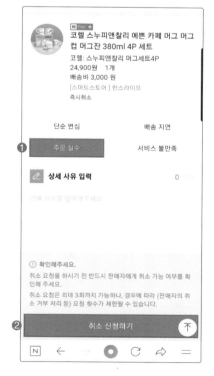

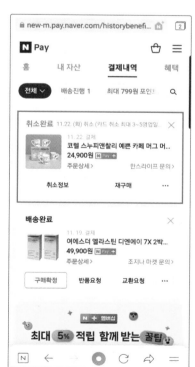

혼자 풀어보기

① 배달의 민족 앱으로 맛있는 음식을 주문해보세요.

② 네이버 앱에서 좋아하는 커피 브랜드를 검색하여 원하는 음료를 주문해보세요.

③ 네이버 앱에서 구매할 물품을 검색하여 간편결제로 주문해보세요.

④ 주문한 상품의 결제내역을 확인해보고, 주문 취소해보세요.

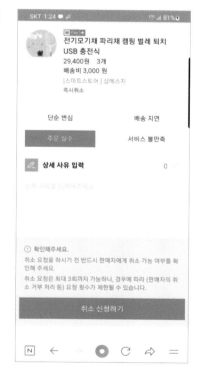

SECTION 09 스마트한 여행 떠나기

스·마·트·폰·활·용

여행을 떠날 때 필요한 고속버스나 기차표, 항공권을 스마트폰으로 간단하게 예매하고 취소하는 방법과 네이버 지도로 목적지를 찾아가는 방법에 대해 알아보겠습니다.

1 티머니GO 예매하기

1. 구글 Play 스토어에서 "티머니GO"를 검색 설치한 후 회원 가입에 필요한 정보를 입력한 후 문자로 인증번호를 받아 회원 가입합니다.

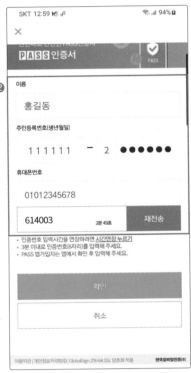

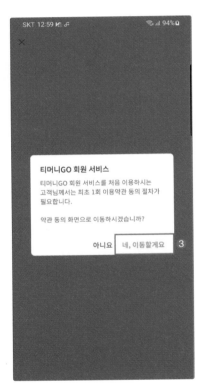

2. 고속버스 예매를 하기 위해 [고속 · 시외]를 터치합니다. [약관 동의] 화면에서 '전체 동의'를 선택한 다음 [확인]을 터치합니다.

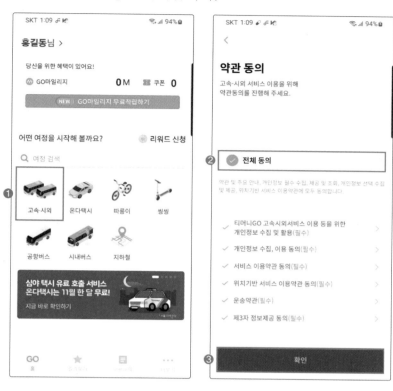

3. [터미널 검색]을 터치한 다음 출발 터미널과 도착 터미널을 선택합니다. [일정 선택] 화면에서 출발 날짜와 시간을 선택한 후 [편도 조회]를 터치합니다.

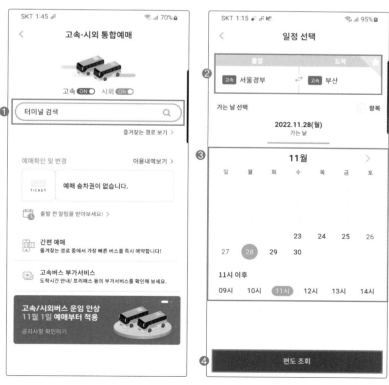

4. 선택한 날짜의 [배차 조회] 화면이 나타나면 출발할 시간을 터치합니다. 고속버스 탑승 안내에 대한 화면에서 [확인]을 터치합니다.

5. 선택한 차량에 탑승 좌석을 선택한 후 [선택 완료]를 터치합니다. [승차권 예약] 화면에서 예매 정보 화면을 확인한 후 [결제하기]를 터치합니다.

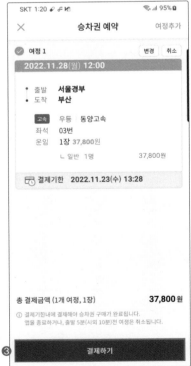

6. 신용카드로 결제하기 위해 [신용/체크 일반 결제]를 선택한 후 카드 인식 화면에서 준비한 결제 카드를 사각형에 맞춥니다. 카드 인식이 되면 [다음]을 터치합니다.

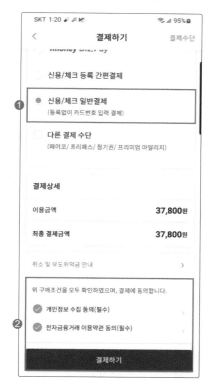

tip [직접입력]을 터치하여 카드정보를 직접 입력할 수 있습니다.

7. [신용/체크 일반 결제] 화면에서 카드 비밀번호를 터치한 다음 [보안 키패드] 화면에서 비밀번호 앞 두자리를 선택하고 [입력완료]를 터치합니다. 같은 방법으로 생년월일을 입력한 후 [결제하기]를 터치하여 결제를 완료합니다.

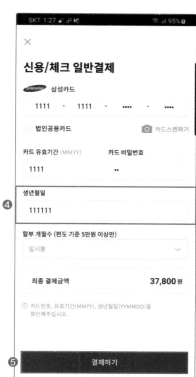

2 예매 확인 및 취소하기

1. [고속 · 시외 통합 예매 화면]의 [예매확인 및 변경]에서 예약한 일정을 터치합니다. 모바일 탑승 이용 가이드 화면을 잘 읽은 후 [확인]을 터치합니다.

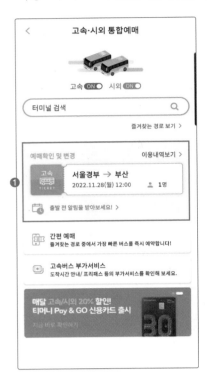

2. 예매를 취소하려면 [고속 · 시외 이용 상세정보] 화면에 [예매 취소]를 터치합니다. [예매 취소] 창에서 [네, 취소할께요]를 터치하면 고속 버스 예매가 취소됩니다. [알림] 창에서 [확인]을 터치합니다.

③ 네이버에서 기차표 예매하기

1. 네이버 앱을 실행합니다. 검색란에 "기차예매"를 입력하여 검색한 후 화면을 위로 드래그하여 [기차 조회 · 예매] 화면으로 이동합니다. [출발 기차역]을 터치하여 출발지역은 '서울', 출발역은 '서울역'을 선택합니다.

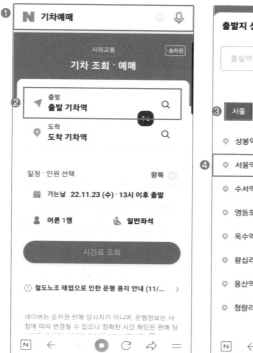

2. 같은 방법으로 도착역을 설정하고 [가는날]을 터치합니다. [가는날 선택] 화면에서 출발 날짜와 시간을 선택하고 [적용]을 터치합니다.

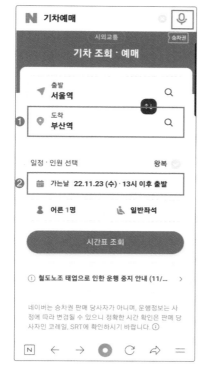
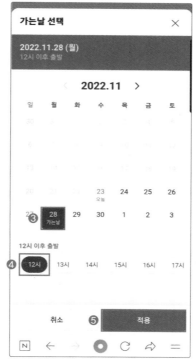

3. 탑승 인원을 설정하기 위해 [어른]을 터치합니다. [탑승인원] 화면에서 동반 인원을 선택하고 [적용]을 터치합니다. 출발역과 도착역, 일정, 인원을 확인하고 [시간표 조회]를 터치합니다.

4. 선택한 시간 이후에 출발 예정인 기차가 검색되면 예매를 원하는 시간의 [예매]를 터치하고 객실 등급은 '일반실'을 선택합니다.

5. [좌석 선택] 화면에서 열차의 탑승 호차와 탑승 인원수 만큼 원하는 좌석을 선택한 다음 [결제하기]를 터치합니다. [예매 고객정보 입력] 창에 비밀번호 숫자 5자리를 입력하고 이용 약관에 모두 체크 표시를 한 후 [확인]을 터치합니다.

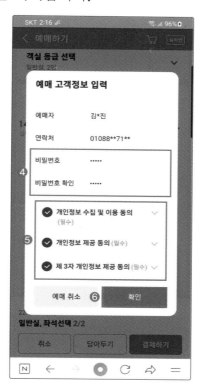

6. [약관 동의 및 할인] 화면에서 '모두 동의합니다.'를 터치하여 체크 표시합니다. 화면을 위로 드래그하여 [동의 및 할인 적용 완료]를 터치합니다.

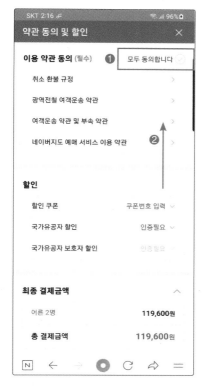

tip

국가 유공자는 인증 과정을 거친 후 요금을 할인 받을 수 있습니다.

7. [결제하기] 화면에서 일정과 인원을 모두 확인한 후 [네이버페이 간편결제]를 터치합니다. 네이버페이 화면에서 결제할 카드를 선택한 후 할부 개월수를 지정하고 [결제하기]를 터치합니다.

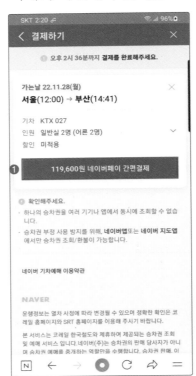
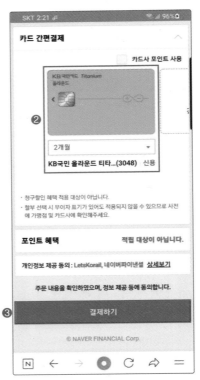

8. 네이버간편결제 비밀번호 6자리를 입력하여 결제합니다. 승차권 결제가 완료되면 [승차권 보러가기]를 터치합니다.

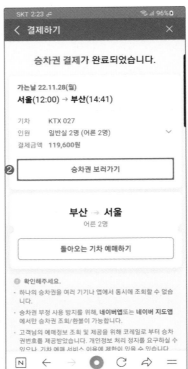

4 기차표 승차권 확인 및 취소하기

1. 네이버 앱에서 ☰(메뉴)를 터치하여 [바로가기] 화면을 위로 드래그하여 [네이버예약]을 터치합니다. [MY플레이스] 화면에서 [승차권]을 터치한 후 예매한 승차권을 터치합니다.

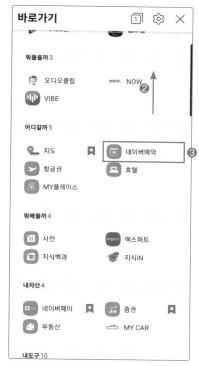

2. 예매한 기차의 모바일 탑승권을 확인할 수 있습니다. 기차 예매를 취소하려면 [승차권 환불]을 터치합니다. 취소 승차권을 모두 선택한 다음 [환불 요청]을 터치하면 환불 완료됩니다.

5 맛집 찾아가기

1. 네이버 지도 앱을 실행하여 여행지를 검색하여 검색된 목록에서 **최종 목적지**를 터치합니다. 선택한 장소가 맞으면 지도 아래 **검색된 장소**를 터치합니다.

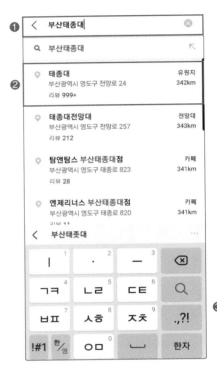

tip 네이버 지도 앱이 설치가 안된 경우 구글 Play 스토어에서 앱을 검색하여 설치합니다.

2. 선택한 목적지에 대한 세부 정보를 알 수 있습니다. 주변 관광지를 검색하기 위해 [주변]을 터치한 다음 [가볼 만한 곳]을 터치하면 주변 관광지가 검색이 됩니다. 검색된 항목에서 원하는 목적지를 터치합니다.

3. 선택한 방문지의 위치와 세부 정보 화면이 나타나면 [도착]을 터치합니다. 선택한 목적지까지 대
중교통으로 가는 방법과 도착 시간을 알 수 있으며, 🚗 (네비게이션)을 터치하면 자가용 또는 택
시로 가는 소요 시간과 비용을 알 수 있습니다.

 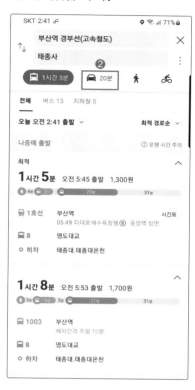 

tip

네이버지도 앱에서 ☰ (메뉴)를 터치하여 [지하철노선도]를 선택하면 지하철 노선도를 알 수 있으며, 출발역과
도착역을 터치하면 소요시간과 요금을 알 수 있습니다.

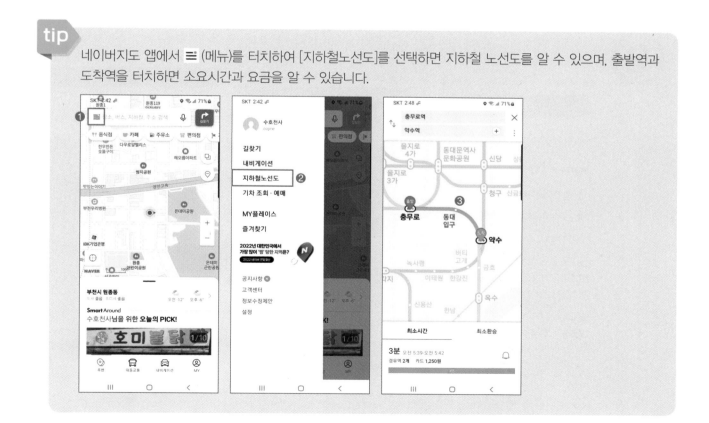

혼자 풀어보기

① 티머니 GO 앱을 이용하여 서울에서 김해 가는 고속버스 승차표를 예매해보고, 취소해보세요.

② KTX를 네이버 간편 결제를 이용하여 결제해보세요.

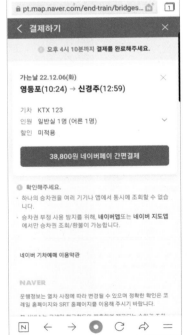
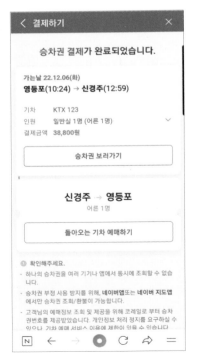

③ 네이버 MY플레이스에서 예매한 승차권을 확인하고 예약 취소를 해보세요.

④ 네이버 지도에서 경주 불국사를 검색하고, 불국사 주변의 맛집을 찾아 신경주역에서 대중교통으로 가는 방법을 알아보세요.

키오스크 체험하기

키오스크란 '신문, 음료, 아이스크림, 커피 등을 파는 매점'을 뜻하는 영어 단어로 정부 기관이나 은행, 백화점, 카페, 등에서 무인화를 통해 대중들이 쉽게 이용할 수 있도록 설치한 무인단말기를 말합니다. 무인단말기 사용 방법은 다양하지만 키오스크 교육 앱을 이용하여 반복 연습하면 어렵지 않습니다.

1 햄버거 주문하기

1. Play 스토어에서 '에프엔제이 키오스크'를 검색하여 설치합니다. 키오스크 체험 종류를 [패스트푸드]로 선택합니다.

2. 학습 유형은 [자유 학습]을 선택합니다. 주문하기 위해서 먼저 키오스크의 시작 화면을 터치합니다.

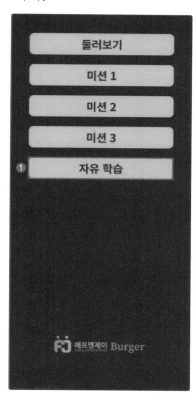

3. 식사 장소는 [매장에서 식사]를 터치한 다음 원하는 음식의 종류를 터치하여 주문 내역에 담습니다. 음식을 모두 담았으면 [다음]을 터치합니다.

4. 추가 메뉴에서 [선택안함]을 터치한 후 [다음]을 터치합니다. 선택한 메뉴의 결제 금액을 확인한 후 [결제하기]를 터치합니다.

5. 결제카드를 키오스크의 카드 투입구에 끝까지 밀어 넣으면 결제가 완료됩니다.

2 카페 주문하기

1. 에프앤제이키오스크 화면에서 [카페]를 터치한 다음 [자유학습]을 터치하여 [학습하기]를 선택합니다.

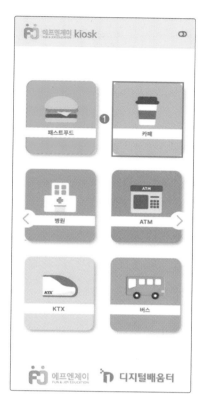
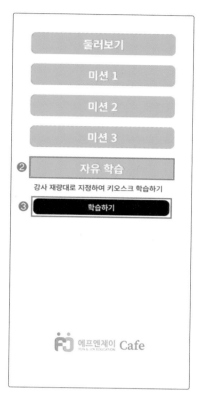

2. 키오스크의 시작 화면을 터치합니다. 음료를 드실 장소로 [매장이용]를 터치합니다.

3. [에스프레소]를 터치한 후 [아이스 아메리카노]를 터치합니다. 추가 사항 입력 화면에서 컵 선택, 커피 사이즈, 시럽 등을 선택하고 [확인]을 터치합니다.

4. 이번에는 [티/음료]를 터치하여 [망고스무디]를 선택합니다. 선택한 음료의 추가 사항을 선택합니다. [확인]을 터치합니다.

5. 주문 내용을 확인한 후 [주문하기]를 터치합니다. 선택한 음료를 주문 내용을 확인한 후 [결제하기]를 터치합니다.

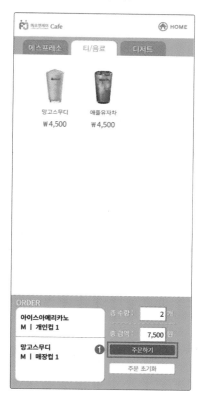

6. 결제 카드를 키오스크의 카드 투입구에 끝까지 밀어 넣고 기다리면 주문이 완료됩니다.

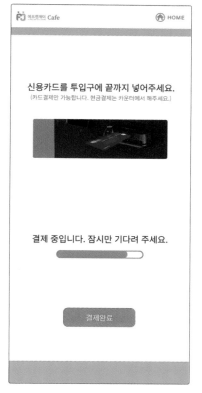

혼자 풀어보기

① [ATM]을 선택하여 카드로 5만원을 인출해보세요.

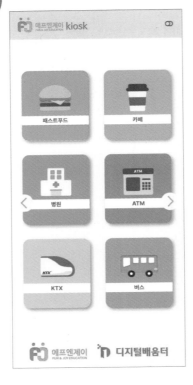

② [병원]을 터치하여 수납·처방전을 발급 받고 병원비를 결제해보세요.

③ [음식점]을 터치하여 뚝배기 불고기 2개, 소고기 육개장 1개를 포장 주문해보세요.

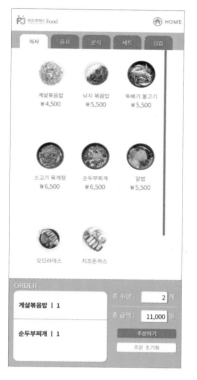

④ [주민등록(초본)]을 터치하여 주민등록 초본을 발급 받아 보세요.

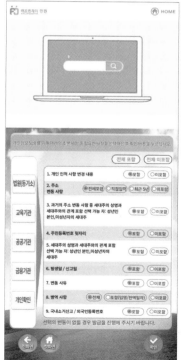
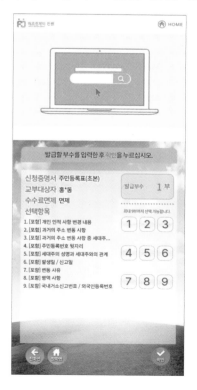

Start! 첫걸음
스마트폰 활용 단계별 정복하기

2023년 2월 15일 초판 인쇄
2023년 2월 20일 초판 발행

펴낸이	김정철
펴낸곳	아티오
지은이	김수진
표지 디자인	김지영
편집 디자인	이효정
마케팅	강원경
전　화	031-983-4092~3
팩　스	031-696-5780
등　록	2013년 2월 22일
정　가	12,000원
홈페이지	http://www.atio.co.kr
주　소	경기도 고양시 호수로 336 (브라운스톤, 백석동)